KB083885

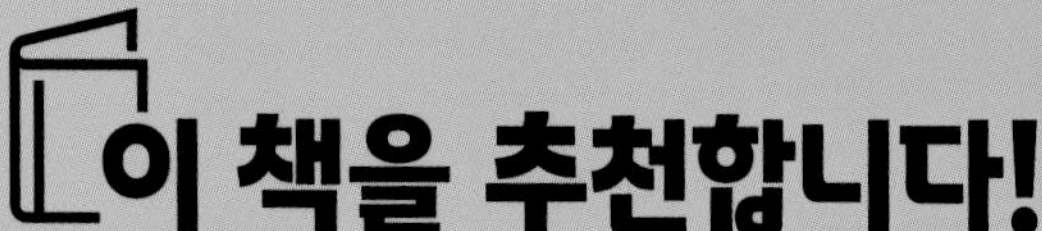

이 책을 추천합니다!

이 책을 추천하신 선생님들

"교과서독해 + 디지털독해 콘셉트는 단언컨대, 문해력의 빛나는 종합 선물 세트예요."

황준경 | 대광초등학교 교사

"교과서와 100% 연계된 글감으로 학교공부를 대비할 수 있어요."

나문정 | 한일초등학교 교사

"디지털 홍수 시대, 아이들이 현명한 판단을 내릴 수 있도록 하는 나침반 같은 책이에요."

박현진 | 샛별초등학교 교사

"문해력을 기르면서 동시에 배경지식까지 쌓여 두 마리 토끼를 잡을 수 있는 책이에요."

박미송 | 오송고등학교 교사

이 책을 추천하신 학부모님들

"아이들이 지루해하지 않아요. 스스로 연필을 잡고 공부하는 모습이 감동이었어요."

김태진 학생 어머니 | 상록초등학교

"교과서독해에서 배운 내용을 디지털독해를 통해 한 번 더 공부해서 좋았어요."

정유정 학생 어머니 | 부산진초등학교

"디지털독해가 뭔지 잘 몰랐는데, 책을 펼친 후 바로 알았네요.
공부뿐만 아니라 요즘 시대에 아이들에게 정말 필요한 능력을 길러 주는 책이라고 생각해요."

박수현 학생 어머니 | 광주서초등학교

"교과서를 기반으로 구성된 독해가 정말 매력적이었어요. 무엇보다 교과서가 중요하니까요."

신지훈 학생 어머니 | 고일초등학교

하루 공부를 마칠 때마다 오른쪽 딱지를 오려 붙여서 게임판을 완성해 보세요.

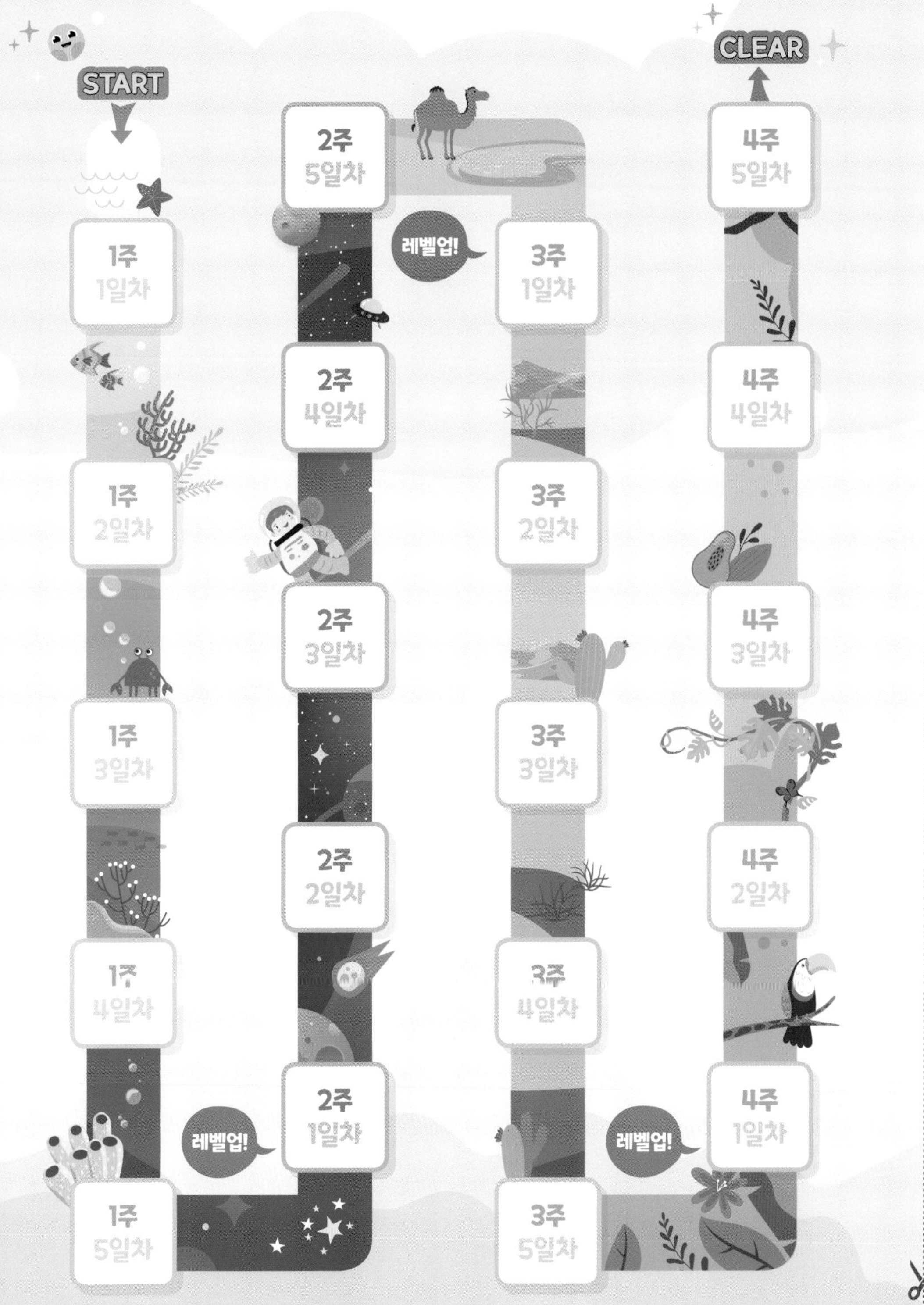

START

1주 1일차

1주 2일차

1주 3일차

1주 4일차

1주 5일차

레벨업!

2주 1일차

2주 2일차

2주 3일차

2주 4일차

2주 5일차

레벨업!

3주 1일차

3주 2일차

3주 3일차

3주 4일차

3주 5일차

레벨업!

4주 1일차

4주 2일차

4주 3일차

4주 4일차

4주 5일차

CLEAR

딱지를 오려요

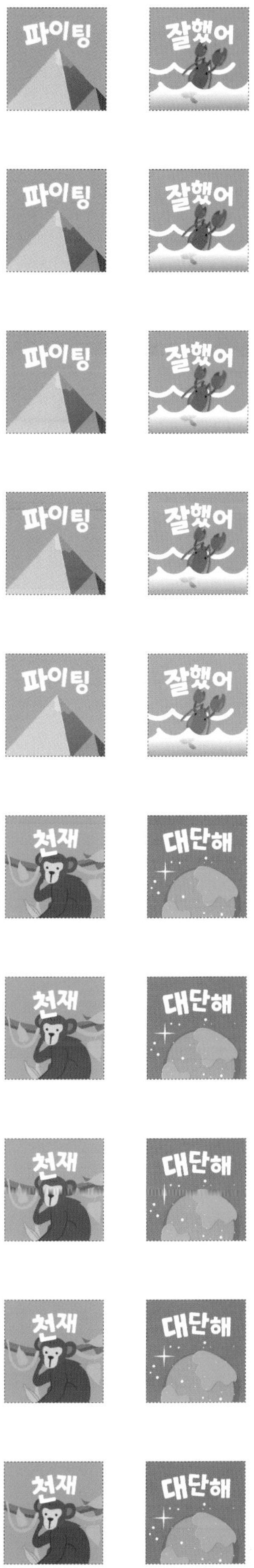

문해력 보스

한국사 초등 3~6학년

우리 인물 ❶ 선사~통일 신라와 발해

우리 아이에게 "문해력"이 필요한 이유

문해력은 **"글을 읽고 쓸 줄 아는 능력"** 입니다.
그럼 우리 아이의 문해력을 키우면 성적이 올라갈까요?

네, 그렇습니다.
문해력은 공부를 하는 데 필요한 기본 도구입니다.
국어, 사회, 과학 등 아이들이 배우는 과목에는 읽기와 쓰기 능력이 필요합니다.
문해력이 높으면 질문을 쉽게 이해하고
올바른 대답을 쓰거나 말할 수 있습니다.
문해력은 우리 아이의 학습 능력 그 자체입니다.
그래서 우리 아이에게 문해력이 필요합니다.

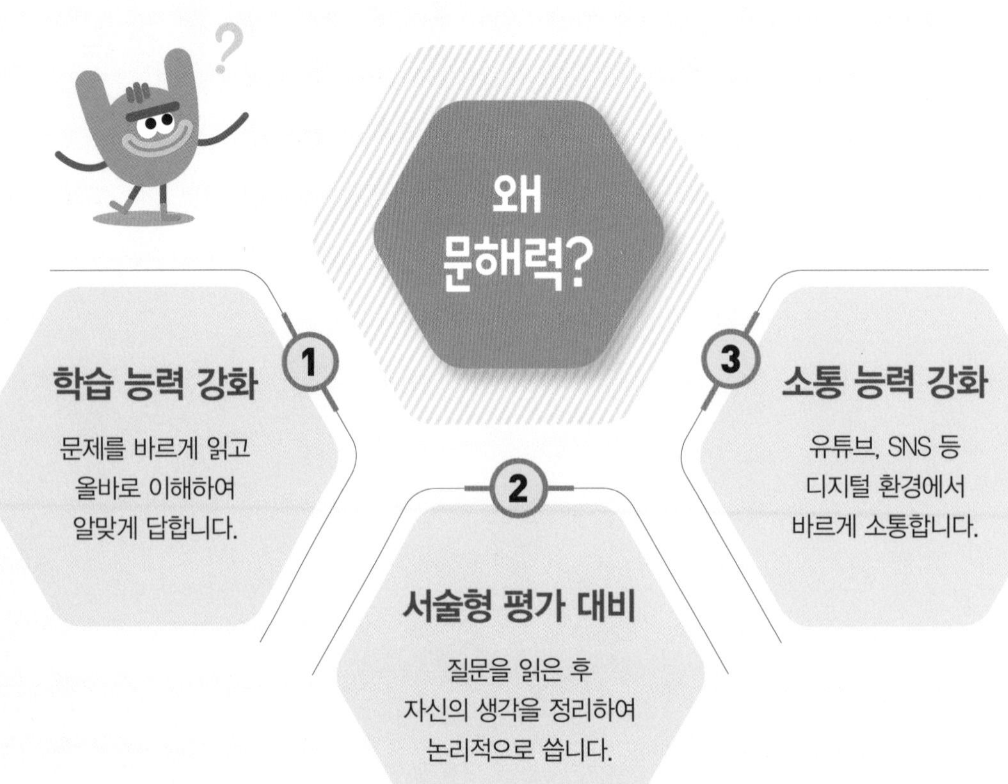

"문해력보스"가 특별한 이유!

문해력보스는 일반적인 문해력 책과 다릅니다.
이 책은 **"글 문해력과 디지털 문해력을 함께 기르는 훈련서"**입니다.

글에 대한 문해력을 키우는 것만큼 중요한 것은
유튜브, SNS와 같은 디지털 매체에 대한 문해력을 키우는 것입니다.
우리 아이는 디지털 매체가 가득한 세상에 살고 있습니다.
학교나 집에서 태블릿 PC로 수업을 하고,
유튜브를 보며, SNS로 친구들과 소통합니다.
"문해력보스"는 초등 교과와 연계된 다양한 글을 읽고,
이와 관련된 광고, 뉴스, 블로그 등 다양한 형태의 매체를 접하며 훈련합니다.
"문해력보스"는 우리 아이가 세상을 보는 힘을 길러 줍니다.

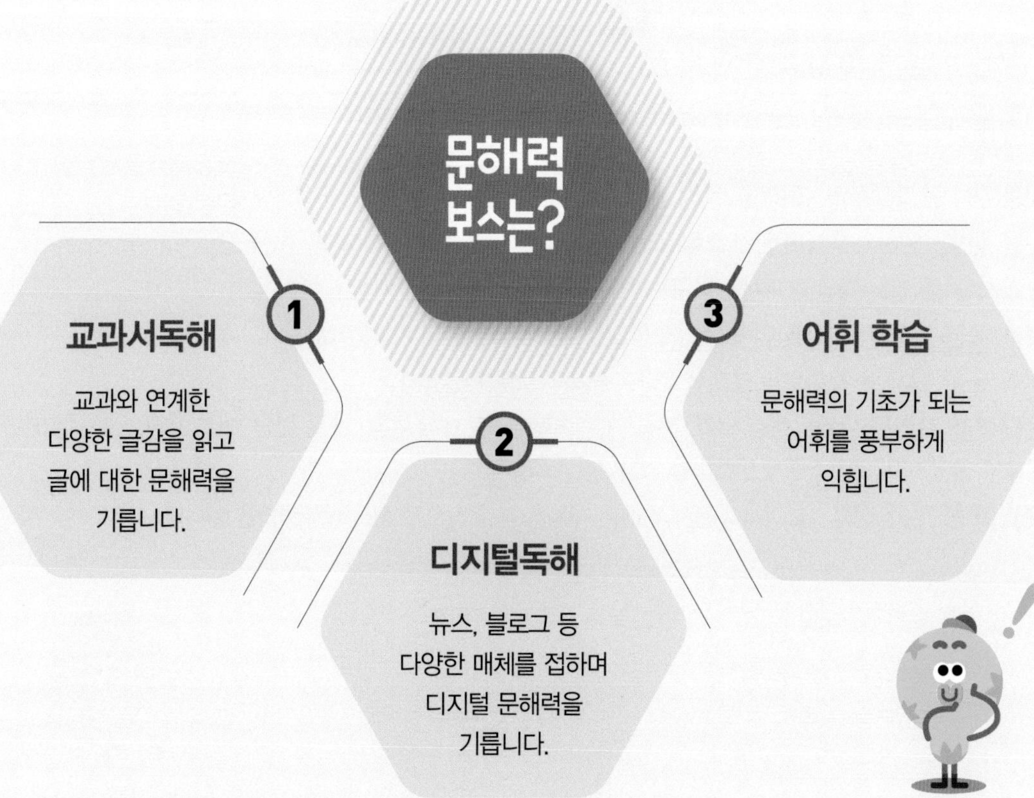

문해력보스
구성과 특징

교과서독해

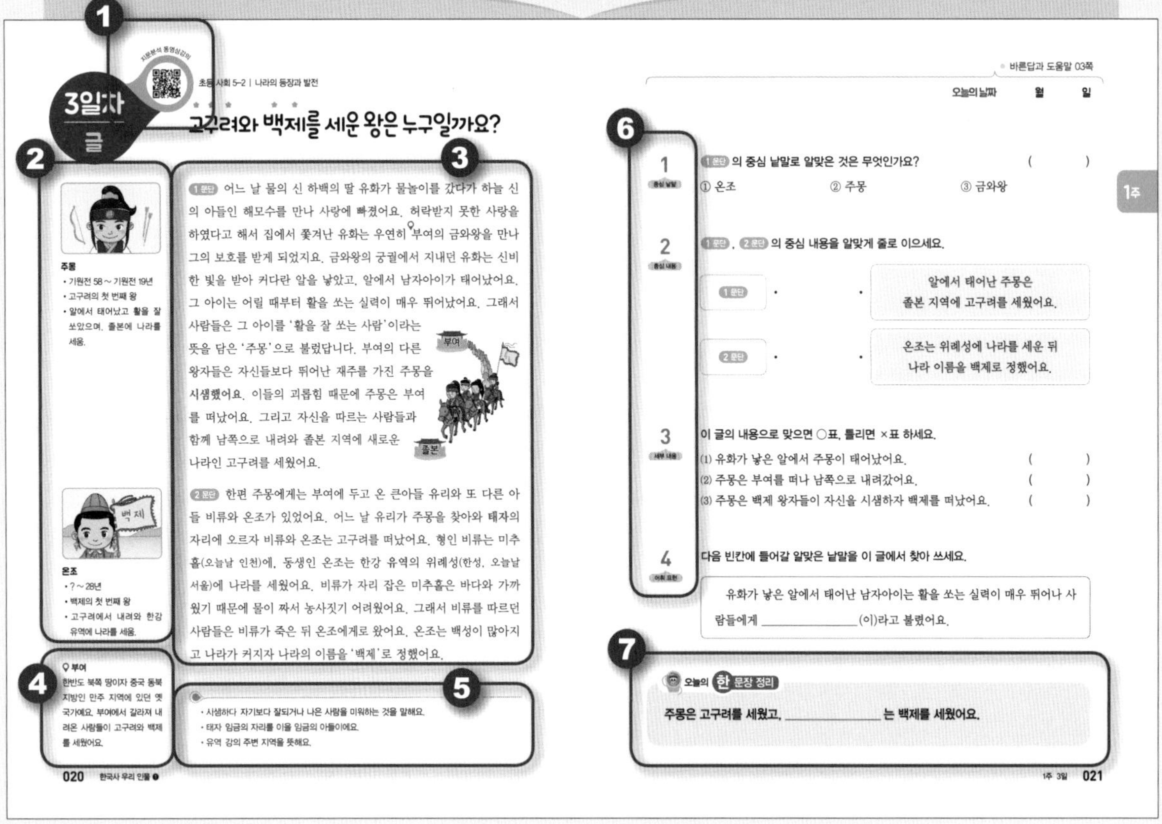

1 지문분석 동영상강의

3일차 글

초등 사회 5-2 | 나라의 등장과 발전

고구려와 백제를 세운 왕은 누구일까요?

2

주몽
- 기원전 58 ~ 기원전 19년
- 고구려의 첫 번째 왕
- 알에서 태어났고 활을 잘 쏘았으며, 졸본에 나라를 세움.

온조
- ? ~ 28년
- 백제의 첫 번째 왕
- 고구려에서 내려와 한강 유역에 나라를 세움.

3

1 문단 어느 날 물의 신 하백의 딸 유화가 물놀이를 갔다가 하늘 신의 아들인 해모수를 만나 사랑에 빠졌어요. 허락받지 못한 사랑을 하였다고 해서 집에서 쫓겨난 유화는 우연히 부여의 금와왕을 만나 그의 보호를 받게 되었지요. 금와왕의 궁궐에서 지내던 유화는 신비한 빛을 받아 커다란 알을 낳았고, 알에서 남자아이가 태어났어요. 그 아이는 어릴 때부터 활을 쏘는 실력이 매우 뛰어났어요. 그래서 사람들은 그 아이를 '활을 잘 쏘는 사람'이라는 뜻을 담은 '주몽'으로 불렀답니다. 부여의 다른 왕자들은 자신들보다 뛰어난 재주를 가진 주몽을 시샘했어요. 이들의 괴롭힘 때문에 주몽은 부여를 떠났어요. 그리고 자신을 따르는 사람들과 함께 남쪽으로 내려와 졸본 지역에 새로운 나라인 고구려를 세웠어요.

부여
졸본

2 문단 한편 주몽에게는 부여에 두고 온 큰아들 유리와 또 다른 아들 비류와 온조가 있었어요. 어느 날 유리가 주몽을 찾아와 태자의 자리에 오르자 비류와 온조는 고구려를 떠났어요. 형인 비류는 미추홀(오늘날 인천)에, 동생인 온조는 한강 유역의 위례성(한성, 오늘날 서울)에 나라를 세웠어요. 비류가 자리 잡은 미추홀은 바다와 가까웠기 때문에 물이 짜서 농사짓기 어려웠어요. 그래서 비류를 따르던 사람들은 비류가 죽은 뒤 온조에게로 왔어요. 온조는 백성이 많아지고 나라가 커지자 나라의 이름을 '백제'로 정했어요.

4

부여
한반도 북쪽 땅이자 중국 동북 지방인 만주 지역에 있던 옛 국가예요. 부여에서 갈라져 내려온 사람들이 고구려와 백제를 세웠어요.

5

- 시샘하다 자기보다 잘되거나 나은 사람을 미워하는 것을 말해요.
- 태자 임금의 자리를 이을 임금의 아들이에요.
- 유역 강의 주변 지역을 뜻해요.

020 한국사 우리 인물 ❶

바른답과 도움말 03쪽

오늘의 날짜 월 일

6

1 중심 낱말
1 문단 의 중심 낱말로 알맞은 것은 무엇인가요? ( )

① 온조 ② 주몽 ③ 금와왕

2 중심 내용
1 문단 , 2 문단 의 중심 내용을 알맞게 줄로 이으세요.

1 문단 · · 알에서 태어난 주몽은 졸본 지역에 고구려를 세웠어요.

2 문단 · · 온조는 위례성에 나라를 세운 뒤 나라 이름을 백제로 정했어요.

3 세부 내용
이 글의 내용으로 맞으면 ○표, 틀리면 ×표 하세요.

(1) 유화가 낳은 알에서 주몽이 태어났어요. ( )
(2) 주몽은 부여를 떠나 남쪽으로 내려갔어요. ( )
(3) 주몽은 백제 왕자들이 자신을 시샘하자 백제를 떠났어요. ( )

4 어휘 표현
다음 빈칸에 들어갈 알맞은 낱말을 이 글에서 찾아 쓰세요.

유화가 낳은 알에서 태어난 남자아이는 활을 쏘는 실력이 매우 뛰어나 사람들에게 ________(이)라고 불렸어요.

7

오늘의 한 문장 정리

주몽은 고구려를 세웠고, ________ 는 백제를 세웠어요.

1주 3일 021

1주

❶ **지문분석 동영상강의** 어려울 수 있는 교과서 지문을 선생님이 친절하게 설명해 줍니다.

❷ **인물 정보** 인물의 특징이 담긴 그림 또는 사진으로 흥미를 이끌어 냅니다.

❸ **교과서 지문** 초·중등 교과서에 나오는 인물 이야기를 읽고 교과 지식을 쌓습니다.

❹ **보충 설명** 교과서 지문을 이해하는 데 참고할 배경지식을 함께 학습합니다.

❺ **어휘 풀이** 사전을 찾아보지 않고 바로바로 어휘의 뜻을 확인합니다.

❻ **문해력을 기르는 문제** 중심 낱말, 중심 내용, 세부 내용, 내용 추론, 내용 요약, 어휘 표현의 6가지 문제 유형을 골고루 풀어 보며 자연스럽게 문해력을 기릅니다.

❼ **오늘의 한 문장 정리** 교과서 지문에서 배운 내용을 한 문장으로 정리하는 연습을 합니다.

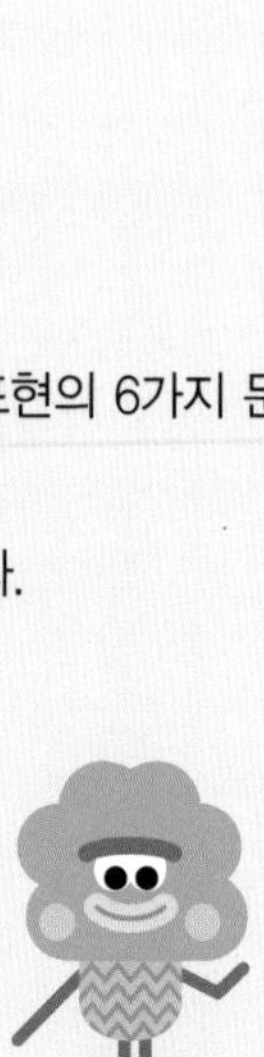

디지털독해

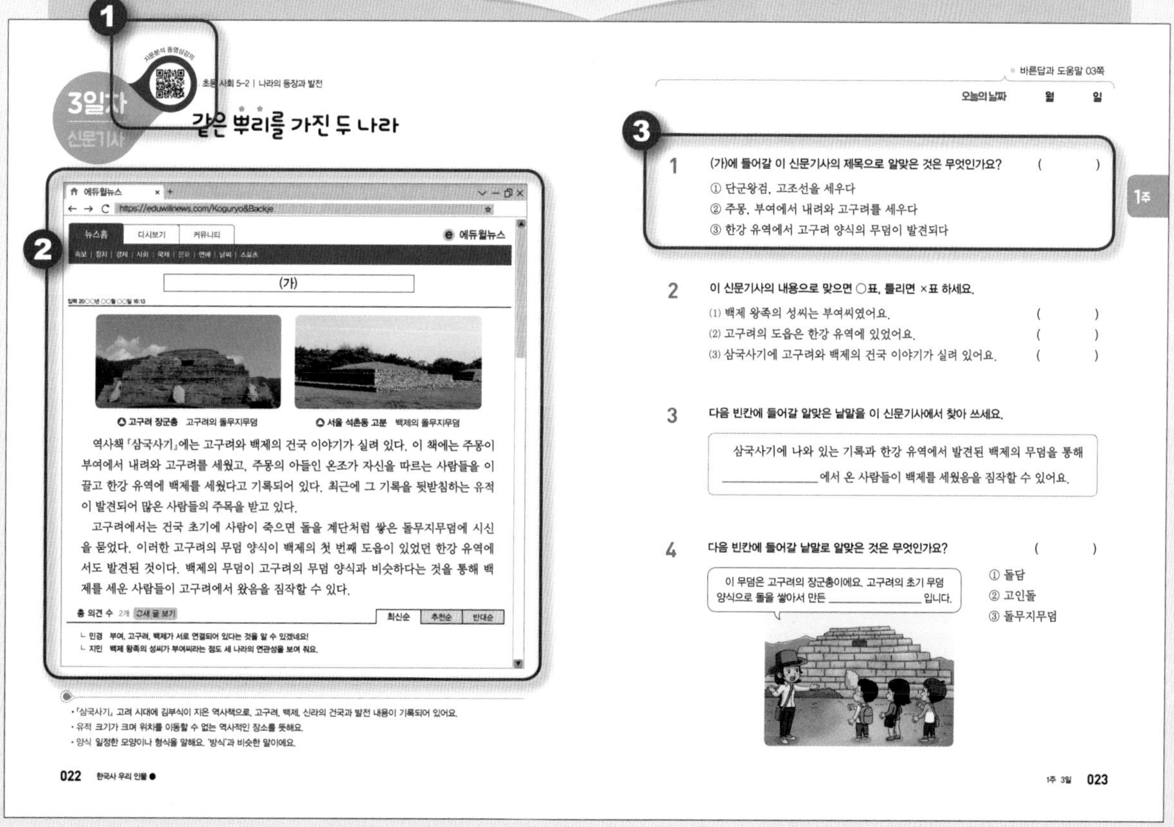

3일차 신문기사

초등 사회 5-2 | 나라의 등장과 발전

같은 뿌리를 가진 두 나라

에듀윌뉴스
https://eduwillnews.com/Koguryo&Backje

뉴스홈 | 다시보기 | 커뮤니티

속보 | 정치 | 경제 | 사회 | 국제 | 문화 | 연예 | 날씨 | 스포츠

(가)

입력 20○○년 ○○월 ○○일 16:13

고구려 장군총 고구려의 돌무지무덤

서울 석촌동 고분 백제의 돌무지무덤

역사책 『삼국사기』에는 고구려와 백제의 건국 이야기가 실려 있다. 이 책에는 주몽이 부여에서 내려와 고구려를 세웠고, 주몽의 아들인 온조가 자신을 따르는 사람들을 이끌고 한강 유역에 백제를 세웠다고 기록되어 있다. 최근에 그 기록을 뒷받침하는 유적이 발견되어 많은 사람들의 주목을 받고 있다.

고구려에서는 건국 초기에 사람이 죽으면 돌을 계단처럼 쌓은 돌무지무덤에 시신을 묻었다. 이러한 고구려의 무덤 양식이 백제의 첫 번째 도읍이 있었던 한강 유역에서도 발견된 것이다. 백제의 무덤이 고구려의 무덤 양식과 비슷하다는 것을 통해 백제를 세운 사람들이 고구려에서 왔음을 짐작할 수 있다.

총 의견 수 2개 새 글 보기 | 최신순 | 추천순 | 반대순

ㄴ 민경 부여, 고구려, 백제가 서로 연결되어 있다는 것을 알 수 있겠네요!
ㄴ 지민 백제 왕족의 성씨가 부여씨라는 점도 세 나라의 연관성을 보여 줘요.

- 『삼국사기』 고려 시대에 김부식이 지은 역사책으로, 고구려, 백제, 신라의 건국과 발전 내용이 기록되어 있어요.
- 유적 크기가 크며 위치를 이동할 수 없는 역사적인 장소를 뜻해요.
- 양식 일정한 모양이나 형식을 말해요. '방식'과 비슷한 말이에요.

022 한국사 우리 인물

바른답과 도움말 03쪽

오늘의 날짜 월 일

1 (가)에 들어갈 이 신문기사의 제목으로 알맞은 것은 무엇인가요? ( )
① 단군왕검, 고조선을 세우다
② 주몽, 부여에서 내려와 고구려를 세우다
③ 한강 유역에서 고구려 양식의 무덤이 발견되다

2 이 신문기사의 내용으로 맞으면 ○표, 틀리면 ×표 하세요.
(1) 백제 왕족의 성씨는 부여씨였어요. ( )
(2) 고구려의 도읍은 한강 유역에 있었어요. ( )
(3) 삼국사기에 고구려와 백제의 건국 이야기가 실려 있어요. ( )

3 다음 빈칸에 들어갈 알맞은 낱말을 이 신문기사에서 찾아 쓰세요.

삼국사기에 나와 있는 기록과 한강 유역에서 발견된 백제의 무덤을 통해 ________에서 온 사람들이 백제를 세웠음을 짐작할 수 있어요.

4 다음 빈칸에 들어갈 낱말로 알맞은 것은 무엇인가요? ( )

이 무덤은 고구려의 장군총이에요. 고구려의 초기 무덤 양식으로 돌을 쌓아서 만든 ________ 입니다.

① 돌담
② 고인돌
③ 돌무지무덤

1주

1주 3일 023

❶ **지문분석 동영상강의** 일상생활에서 접할 수 있는 다양한 디지털 매체의 종류와 읽는 방법을 알려 줍니다.
❷ **디지털 매체 지문** 교과서독해에서 학습한 주제를 뉴스, 블로그 등 다양한 디지털 매체 지문으로 나타냈습니다.
❸ **문해력을 기르는 문제** 디지털 매체 지문을 제대로 이해하였는지 점검하며 디지털 문해력을 기릅니다.

디지털 매체 지문 보기

온라인대화(위) 웹툰(아래)

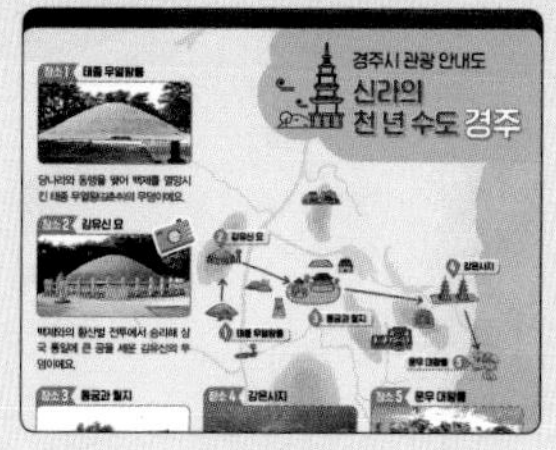

안내도

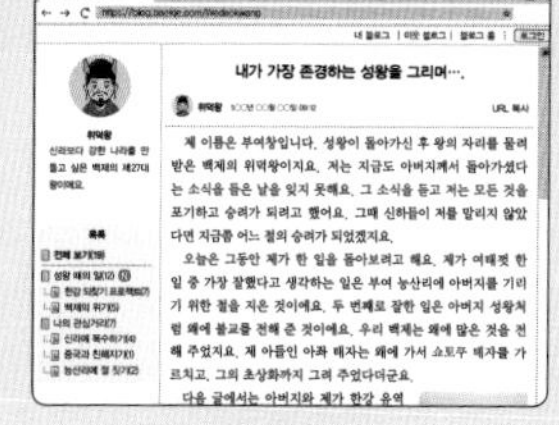

블로그

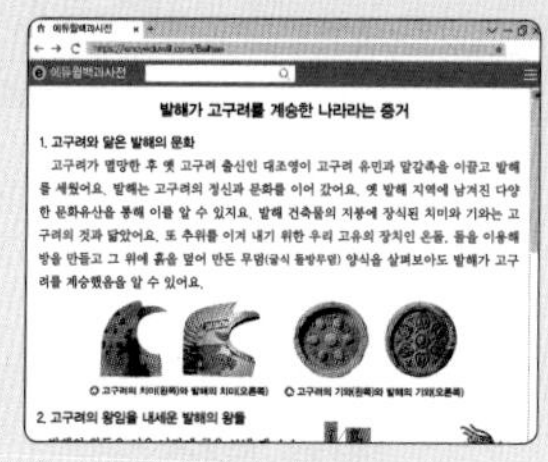

백과사전

바른답과 도움말 04쪽

어휘 정리 1~5일 지문에서 나온 중요 어휘를 정리해 보세요.

오늘의 날짜 월 일

1주

1 밑줄 친 낱말의 뜻을 알맞게 줄로 이으세요.

주몽은 졸본 지역에서 고구려를 건국했어요.	나라를 세우다.
근초고왕은 남쪽의 평야 지대를 차지했어요.	살림살이의 상황
단군왕검은 아사달을 도읍으로 정하고 고조선을 세웠어요.	한 나라의 중앙 정부가 있는 도시
백제의 근초고왕은 중국, 왜와 활발하게 교류했어요.	물건, 공간 등을 자기 몫으로 가져가다.
을파소는 형편이 어려운 고구려 백성들을 돕고자 했어요.	문화나 사상 등을 나라, 지역, 개인 간에 서로 주고받다.
고구려에서 온 사람들이 백제를 세웠음을 알려 주는 유적이 발견됐어요.	크기가 크며 위치를 이동할 수 없는 역사적인 장소

2 밑줄 친 낱말과 뜻이 비슷한 낱말을 〈보기〉에서 찾아 빈칸에 쓰세요.

〈보기〉 기반 방식 연합 제안 지시

(1) 백제의 무덤 양식은 고구려의 것과 비슷해요. ________

(2) 을파소의 건의로 고국천왕 때 진대법이 실시되었어요. ________

(3) 김수로의 금관가야와 다섯 가야가 가야 연맹을 이루었어요. ________

(4) 허황옥은 김수로의 아내가 되라는 하늘의 명령을 받았어요. ________

(5) 고구려의 고국천왕은 나라의 기틀을 튼튼히 하려고 했어요. ________

3 다음 ( ) 안에 들어갈 알맞은 낱말을 골라 ○표 하세요.

(1) 고조선에는 (**엄격한** , **엄껵한**) 법인 8조법이 있었어요.

(2) (**흉년** , **흉연**)이 들어 고구려 백성들의 생활이 어려워졌어요.

(3) 근초고왕은 (**해왜** , **해외**)로 눈을 돌려 주변 나라들과 교류했어요.

(4) 근초고왕은 백제의 힘을 (**가시** , **과시**)하기 위해 역사책을 쓰게 했어요.

(5) 주몽은 자신을 (**시샘하는** , **시셈하는**) 부여 왕자들을 피해 남쪽으로 내려갔어요.

032 한국사 우리 인물 ❶ 어휘 정리 033

한 주간 배운 중요 어휘를 문제를 풀어 보며 확인합니다.

- **1**번에서는 앞에서 배운 어휘의 뜻을 알맞게 연결합니다.
- **2**번에서는 뜻이 서로 비슷한 어휘를 알아봅니다.
- **3**번에서는 맞춤법에 맞는 어휘를 확인합니다.

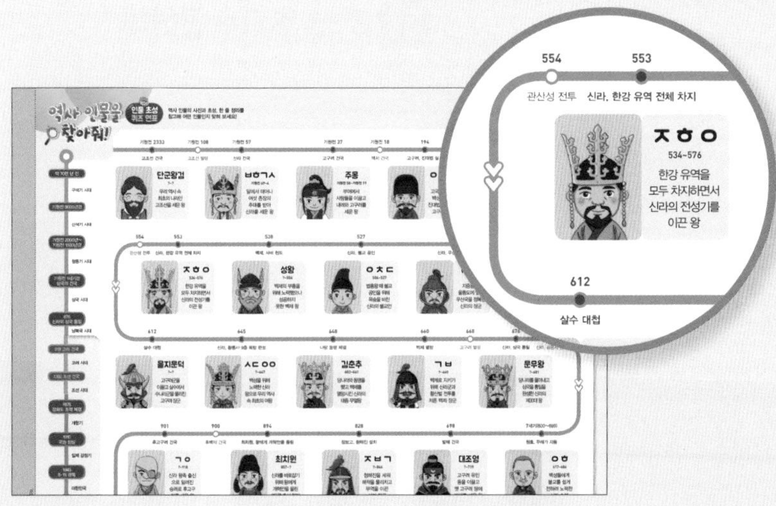

인물 초성 퀴즈 연표

연표를 따라가며 인물의 그림과 초성, 한 줄 정리를 통해 각 권에서 배운 중요 인물의 이름을 맞혀 봅니다.

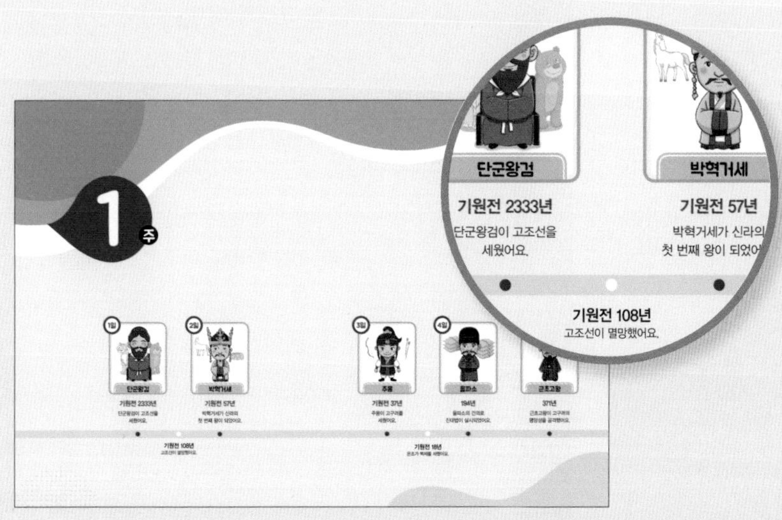

미리 보는 주별 학습

연표를 따라가며 해당 주에 만날 인물의 이름과 살았던 때, 활동을 살펴봅니다.

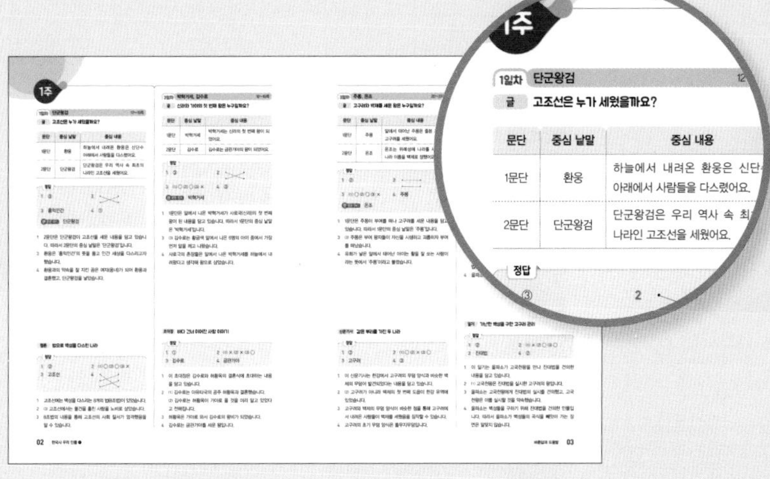

바른답과 도움말

문제를 풀고 난 후 바른답과 도움말을 통해 혼자서도 쉽게 공부할 수 있습니다.

문해력보스 한국사 우리 인물 ❷, ❸권 주제 살펴보기

2권 고려~조선 전기

	유형	주제
1주	글	후삼국은 누가 통일했을까요?
	방송프로그램	후삼국 시대의 영웅
	글	고려 초기에 나라를 안정시키기 위해 노력한 왕은 누구일까요?
	웹툰	두 왕의 고려 발전 프로젝트
	글	고려는 어떻게 거란의 침입을 물리쳤을까요?
	뉴스	도망가는 거란군, 뒤쫓는 고려군
	글	고려가 여진을 정벌하는 데 활약한 인물은 누구일까요?
	광고	맞춤형 군대, 별무반
	글	서경 천도를 주장하며 난을 일으킨 승려는 누구일까요?
	신문기사	서경에서 난이 일어나다
2주	글	고려의 무신들은 왜 난을 일으켰을까요?
	방송토론	두 얼굴의 남자, 최충헌
	글	고려 백성들은 왜 무기를 들었을까요?
	일기	천민들이 꿈꾼 세상
	글	몽골의 침입에 맞서 싸운 인물은 누구일까요?
	백과사전	김윤후에 대한 모든 것
	글	원나라의 간섭에서 벗어나 개혁 정치를 펼쳤던 왕은 누구일까요?
	시나리오	자주적인 개혁을 위한 첫걸음
	글	화약 무기를 만든 고려의 인물은 누구일까요?
	광고	나라를 지킨 아름다운 불꽃
3주	글	최영은 왜 이성계에게 죽임을 당했을까요?
	방송토론	최영과 이성계의 끝장 토론
	글	정몽주와 정도전은 어떤 삶을 살았을까요?
	온라인대화	고려의 운명을 건 두 남자의 대화
	글	세종의 아버지로 왕권 강화에 힘쓴 인물은 누구일까요?
	블로그	파란만장했던 태종 이방원의 삶
	글	항상 백성을 먼저 생각한 왕은 누구일까요?
	백과사전	과학과 문화를 발전시킨 조선의 왕
	글	조선의 대표적인 여성 예술가는 누구일까요?
	초대장	조선의 여성 예술가, 신사임당
4주	글	임진왜란 때 활약한 의병장은 누구일까요?
	인터뷰	홍의 장군 곽재우
	글	임진왜란 때 일본군에 맞서 싸운 장군은 누구일까요?
	백과사전	임진왜란을 승리로 이끈 조선의 비밀 무기
	글	조선의 이익을 생각한 외교를 펼친 왕은 누구일까요?
	블로그	명분보다 조선의 이익을 선택한 왕
	글	동의보감을 만든 조선의 의사는 누구일까요?
	웹툰	허준, 동의보감을 완성하다
	글	조선의 왕은 왜 남한산성으로 몸을 피했을까요?
	방송토론	조선의 결정적 선택의 순간

3권 조선 후기~근현대

	유형	주제
1주	글	조선 후기 현실 문제를 해결하려고 했던 인물은 누구일까요?
	웹툰	조선의 발전을 꿈꾼 박지원
	글	수원 화성은 누가 만들었을까요?
	광고	조선을 개혁하려고 한 왕, 정조
	글	정조에게 큰 힘이 된 실학자는 누구일까요?
	백과사전	조선의 천재 학자, 정약용
	글	조선에 새로운 종교를 널리 전한 인물은 누구일까요?
	온라인대화	비슷한 듯 다른 동학과 서학
	글	왕을 대신해 나라를 다스린 인물은 누구일까요?
	방송토론	두 얼굴의 남자, 흥선 대원군
2주	글	완전히 새로운 조선을 만들려고 했던 개화파 인물은 누구일까요?
	뉴스	갑신정변에 대한 백성들의 생각
	글	동학 농민군을 이끈 지도자는 누구일까요?
	인터뷰	녹두 장군, 전봉준 이야기
	글	왕에서 황제가 된 인물은 누구일까요?
	방송프로그램	우리 역사 속 첫 번째 황제, 고종
	글	외국인도 독립운동을 했을까요?
	광고	한국인보다 한국을 더 사랑한 헐버트
	글	누가 이토 히로부미를 저격했을까요?
	웹툰	안중근, 죽을 각오로 총을 쏘다
3주	글	전 재산을 팔아 독립운동을 한 인물은 누구일까요?
	온라인박물관	부자의 품격을 보여 준 이회영
	글	독립을 위해 인재를 기른 인물은 누구일까요?
	방송프로그램	우리 민족의 영원한 스승, 안창호
	글	일제에 맞서 싸운 여성 독립운동가는 누구일까요?
	블로그	유관순, 형무소에서 만세를 외치다
	글	1920년대 일본군과의 전투를 승리로 이끈 인물은 누구일까요?
	온라인대화	독립군 부대, 일본군에 맞서 싸우다
	글	어린이날을 만든 인물은 누구일까요?
	인터뷰	방정환이 평생을 바친 일
4주	글	일본군을 향해 폭탄을 던진 인물은 누구일까요?
	시나리오	두 남자의 시계 이야기
	글	시를 써서 독립에 대한 의지와 열망을 드러낸 인물은 누구일까요?
	웹툰	이육사, 자신의 삶을 돌아보다
	글	전 재산을 바쳐 우리 문화유산을 지킨 인물은 누구일까요?
	광고	문화유산만 알았던 바보 부자, 전형필
	글	비슷하지만 다른 삶을 살았던 두 명의 독립운동가는 누구일까요?
	인터뷰	우리 민족의 지도자, 김구
	글	자신의 몸에 불을 붙여 시위를 한 인물은 누구일까요?
	초대장	아름다운 불꽃 청년, 전태일

공부 습관을 만드는 스스로 학습 계획표

매일 공부를 마친 후, 공부한 날과 목표 달성도를 채워 보세요.

진도		유형	주제	쪽수	공부한 날	목표 달성도
1주	1일	글	고조선은 누가 세웠을까요?	12~15쪽	월 일	♡♡♡
		웹툰	법으로 백성을 다스린 나라			
	2일	글	신라와 가야의 첫 번째 왕은 누구일까요?	16~19쪽	월 일	♡♡♡
		초대장	바다 건너 이어진 사랑 이야기			
	3일	글	고구려와 백제를 세운 왕은 누구일까요?	20~23쪽	월 일	♡♡♡
		신문기사	같은 뿌리를 가진 두 나라			
	4일	글	왕에게 백성을 위한 제도를 건의한 고구려 관리는 누구일까요?	24~27쪽	월 일	♡♡♡
		일기	가난한 백성을 구한 고구려 관리			
	5일	글	백제의 전성기를 이끈 왕은 누구일까요?	28~31쪽	월 일	♡♡♡
		온라인박물관	강한 나라를 꿈꾼 근초고왕			
	특별학습	1주 정리	어휘 정리			
2주	1일	글	고구려를 천하의 중심으로 만든 왕은 누구일까요?	36~39쪽	월 일	♡♡♡
		뉴스	돌에 새겨진 고구려의 자부심			
	2일	글	울릉도와 독도는 언제부터 우리 땅이 되었을까요?	40~43쪽	월 일	♡♡♡
		인터뷰	신라의 전설이 된 이사부			
	3일	글	불교를 위해 죽음을 선택한 인물은 누구일까요?	44~47쪽	월 일	♡♡♡
		웹툰	불교를 전하기 위한 최후의 결심			
	4일	글	백제의 부흥을 꿈꾼 왕은 누구일까요?	48~51쪽	월 일	♡♡♡
		블로그	성왕의 뜻을 이은 위덕왕			
	5일	글	신라의 전성기를 이끈 왕은 누구일까요?	52~55쪽	월 일	♡♡♡
		광고	신라의 인재 집합소			
	특별학습	2주 정리	어휘 정리			
3주	1일	글	수나라의 침략을 물리친 고구려의 장군은 누구일까요?	62~65쪽	월 일	♡♡♡
		신문기사	한반도의 방패가 되어 준 나라			
	2일	글	처음으로 왕이 된 여성은 누구일까요?	66~69쪽	월 일	♡♡♡
		온라인대화	나라를 구한 왕의 지혜			
	3일	글	위기에 빠진 신라를 구한 인물은 누구일까요?	70~73쪽	월 일	♡♡♡
		시나리오	신라의 꾀돌이, 스스로 목숨을 구하다			
	4일	글	백제는 어떻게 멸망했을까요?	74~77쪽	월 일	♡♡♡
		방송프로그램	전투를 승리로 이끈 신라 화랑의 용기			
	5일	글	삼국 통일을 이룬 왕은 누구일까요?	78~81쪽	월 일	♡♡♡
		안내도	삼국 통일의 주인공들, 경주에 잠들다			
	특별학습	3주 정리	어휘 정리			
4주	1일	글	해골에 든 물을 마신 승려는 누구일까요?	86~89쪽	월 일	♡♡♡
		온라인대화	부처의 가르침을 널리 전한 신라 승려			
	2일	글	발해는 누가 세웠을까요?	90~93쪽	월 일	♡♡♡
		백과사전	고구려를 닮은 나라			
	3일	글	신라의 해상왕으로 불린 인물은 누구일까요?	94~97쪽	월 일	♡♡♡
		방송토론	두 얼굴의 남자, 장보고			
	4일	글	신라의 글짓기 천재는 누구일까요?	98~101쪽	월 일	♡♡♡
		뉴스	칼보다 강한 붓의 힘			
	5일	글	후삼국 시대의 주인공은 누구일까요?	102~105쪽	월 일	♡♡♡
		SNS	쓰러져 가는 두 나라 이야기			
	특별학습	4주 정리	어휘 정리			

기원전 2333년

단군왕검이 고조선을
세웠어요.

기원전 57년

박혁거세가 신라의
첫 번째 왕이 되었어요.

기원전 108년

고조선이 멸망했어요.

연표를 따라가며 1주차에 만날 인물의 이름과 살았던 때, 활동을 살펴보세요.

기원전 37년

주몽이 고구려를 세웠어요.

기원전 18년

온조가 백제를 세웠어요.

194년

을파소의 건의로 진대법이 실시되었어요.

371년

근초고왕이 고구려의 평양성을 공격했어요.

초등 사회 5-2 | 나라의 등장과 발전

★★★

고조선은 누가 세웠을까요?

단군왕검
- ?~?년
- 고조선의 첫 번째 왕
- 고조선의 정치 지도자이자 종교 지도자 역할을 함.

1 문단 아주 먼 옛날, 하늘나라를 다스리는 왕 환인에게 환웅이라는 아들이 있었어요. 환웅은 '널리 인간을 이롭게 한다'는 홍익인간의 뜻을 품고 인간 세상을 다스리고 싶어 했지요. 마침내 환인의 허락을 받은 환웅은 바람과 비, 구름을 다루는 신하 셋과 자신을 따르는 사람들을 이끌고 하늘 아래 땅으로 내려왔어요. 그리고 환웅은 태백산 꼭대기에 있는 신단수라는 나무 아래에서 사람들을 다스렸어요.

2 문단 어느 날 곰과 호랑이가 환웅을 찾아와 사람이 되고 싶다는 소원을 말했어요. 그러자 환웅은 곰과 호랑이에게 이렇게 말했답니다. "내가 주는 쑥과 마늘만 먹고 100일 동안 햇빛을 보지 않으면 사람이 될 것이다." 곰과 호랑이는 환웅의 말을 듣고 동굴에서 지내기 시작했어요. 그런데 호랑이는 환웅과의 약속을 지키지 못하고 며칠 만에 동굴을 뛰쳐나가고 말았어요. 호랑이와 달리 참을성이 있는 곰은 쑥과 마늘만 먹으며 참고 견뎌 여자(웅녀)가 되었지요. 얼마 뒤 웅녀는 환웅과 결혼해 아들을 낳았는데, 이 아들이 바로 단군왕검이에요. 단군왕검은 환웅이 품었던 홍익인간의 뜻을 이어받아 아사달을 **도읍**으로 정하고, '조선'을 **건국했어요**. 그 나라가 바로 우리 역사 속 최초의 나라인 **고조선**이랍니다.

단군왕검의 건국 이야기 속 곰과 호랑이
곰과 호랑이 중 곰이 여자로 변한 뒤 환웅과 결혼했다는 내용은 곰을 섬기는 집단과 하늘의 자손이라고 믿는 집단이 결합하고, 호랑이를 섬기는 집단이 떨어져 나갔음을 의미해요.

- 도읍 한 나라의 중앙 정부가 있는 도시를 말해요. '수도'와 비슷한 말이에요.
- 건국하다 나라를 세우는 것을 말해요.
- 고조선 이성계의 조선과 구별하기 위해 '옛날'을 뜻하는 '고(古)' 자를 붙여 '고조선'이라고 해요.

오늘의 날짜 월 일

1 중심 낱말

2 문단 의 중심 낱말로 알맞은 것은 무엇인가요? ( )

① 환웅 ② 환인 ③ 단군왕검

2 중심 내용

1 문단, 2 문단 의 중심 내용을 알맞게 줄로 이으세요.

1 문단 •		• 단군왕검은 우리 역사 속 최초의 나라인 고조선을 세웠어요.
2 문단 •		• 하늘에서 내려온 환웅은 신단수 아래에서 사람들을 다스렸어요.

3 어휘 표현

다음 빈칸에 들어갈 알맞은 낱말을 이 글에서 찾아 쓰세요.

환웅은 '널리 인간을 이롭게 한다'는 ____________의 뜻을 품고 인간 세상을 다스리고 싶어 했어요.

4 세부 내용

이 글의 내용으로 알맞지 않은 것은 무엇인가요? ( )

① 호랑이는 여자가 되어 환웅과 결혼했어요.
② 환웅과 웅녀 사이에서 태어난 아들이 단군왕검이에요.
③ 단군왕검은 아사달을 도읍으로 정하고 나라를 세웠어요.

오늘의 한 문장 정리

____________은 우리 역사 속 최초의 나라인 고조선을 세웠어요.

초등 사회 5-2 | 나라의 등장과 발전

법으로 백성을 다스린 나라

- 엄격하다 말이나 태도, 규칙 등이 매우 철저함을 뜻해요.
- 사형 큰 죄를 지은 사람의 목숨을 끊는 형벌이에요.
- 곡식 농사를 통해 얻는 쌀, 보리, 콩, 밀 등의 먹거리를 통틀어 이르는 말이에요.
- 노비 옛날에 제일 아래에 있던 신분(계급)으로, 주인의 말에 따라 일을 한 사람들이에요.

오늘의 날짜 월 일

1주

1 고조선에는 몇 개 조항의 법이 있었나요? ( )

① 5개 ② 8개 ③ 10개

2 이 웹툰의 내용으로 맞으면 ○표, 틀리면 ×표 하세요.

(1) 고조선에서는 사람을 죽이면 사형에 처했어요. ( )

(2) 고조선에는 백성을 다스리기 위한 법이 있었어요. ( )

(3) 고조선에서는 물건을 훔치면 곡식으로 갚게 했어요. ( )

3 다음 ( ) 안에 들어갈 알맞은 낱말을 골라 ○표 하세요.

8조법을 통해 (**고구려** , **고조선**)의 사회 질서가 엄격했음을 알 수 있어요.

4 8조법에서 알 수 있는 고조선 사회의 모습을 알맞게 줄로 이으세요.

사람을 죽인 사람은 사형에 처한다. •	• 농사를 짓는 사회였다.
남에게 상처를 입힌 사람은 곡식으로 갚아야 한다. •	• 신분(계급)의 구분이 있었다.
남의 물건을 훔친 사람은 노비로 삼는다. •	• 생명을 소중하게 생각하고 큰 죄를 엄격하게 다스렸다.

초등 사회 5–2 | 나라의 등장과 발전

신라와 가야의 첫 번째 왕은 누구일까요?

박혁거세

- 기원전 69 ~ 4년
- 신라의 첫 번째 왕
- 알에서 태어났으며, 6명의 촌장이 왕으로 떠받들어 나라를 세움.

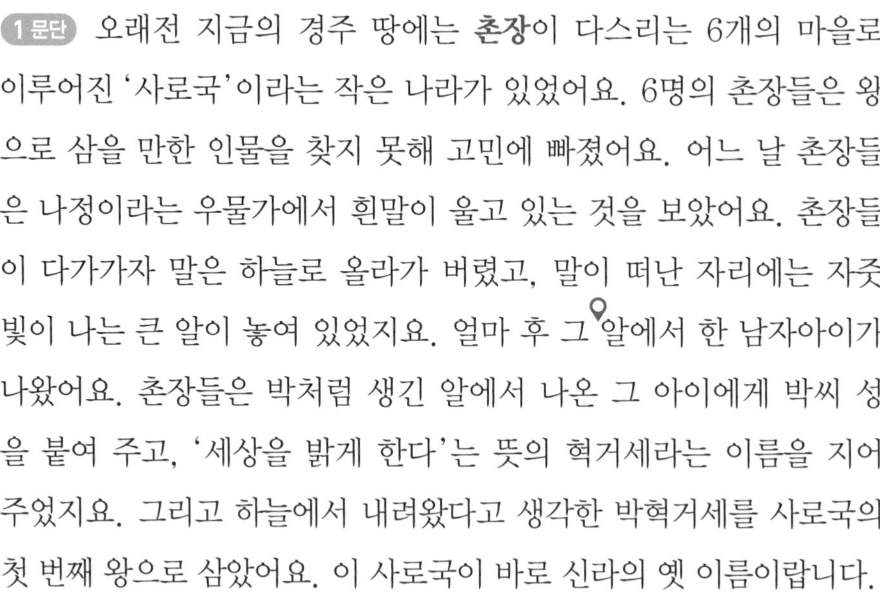

1 문단 오래전 지금의 경주 땅에는 **촌장**이 다스리는 6개의 마을로 이루어진 '사로국'이라는 작은 나라가 있었어요. 6명의 촌장들은 왕으로 삼을 만한 인물을 찾지 못해 고민에 빠졌어요. 어느 날 촌장들은 나정이라는 우물가에서 흰말이 울고 있는 것을 보았어요. 촌장들이 다가가자 말은 하늘로 올라가 버렸고, 말이 떠난 자리에는 자줏빛이 나는 큰 알이 놓여 있었지요. 얼마 후 그 알에서 한 남자아이가 나왔어요. 촌장들은 박처럼 생긴 알에서 나온 그 아이에게 박씨 성을 붙여 주고, '세상을 밝게 한다'는 뜻의 혁거세라는 이름을 지어 주었지요. 그리고 하늘에서 내려왔다고 생각한 박혁거세를 사로국의 첫 번째 왕으로 삼았어요. 이 사로국이 바로 신라의 옛 이름이랍니다.

김수로

- ? ~ 199년
- 금관가야의 첫 번째 왕
- 알에서 태어났으며, 나라를 세움.

2 문단 낙동강 주변의 **평야** 지대에는 9명의 촌장이 마을을 다스리며 살고 있었어요. 어느 날 **구지봉** 하늘에서 이상한 소리가 들려왔어요. "'거북아 거북아, 머리를 내놓아라. 내놓지 않으면 구워 먹으리.'라는 노래를 부르며 춤을 추어라. 그러면 왕을 맞이하게 될 것이다." 이 소리를 들은 촌장들과 마을 사람들은 노래를 부르며 춤을 췄어요. 그러자 하늘에서 붉은 보자기에 싸인 금빛 상자가 내려왔지요. 상자에는 6개의 황금색 알이 들어 있었는데, 며칠 뒤 남자아이 6명이 알을 깨고 나왔어요. 사람들은 그중 가장 먼저 나온 김수로를 금관가야의 왕으로 삼았지요. 나머지 아이들도 각각 가야의 왕이 되어, 금관가야와 함께 가야 **연맹**을 이루었답니다.

알에서 태어난 신라와 가야의 왕

신라와 가야를 세운 왕들은 알에서 태어났다는 이야기가 전해져요. 알에서 태어났다는 것은 보통 사람과는 다른, 신비롭고 특별한 존재임을 나타내요.

- 촌장 한 마을을 이끄는 우두머리를 말해요.
- 평야 평평하고 넓은 들판을 말해요.
- 구지봉 오늘날 경상남도 김해 지역에 있는 산으로, 거북이가 엎드린 모양을 닮았어요.
- 연맹 서로 돕고 함께할 것을 약속한 집단을 말해요. '동맹', '연합'과 비슷한 말이에요.

1 중심 낱말

1 문단 의 중심 낱말로 알맞은 것은 무엇인가요? ( )

① 김수로 ② 단군왕검 ③ 박혁거세

2 중심 내용

1 문단 , 2 문단 의 중심 내용을 알맞게 줄로 이으세요.

1 문단	• •	김수로는 금관가야의 왕이 되었어요.
2 문단	• •	박혁거세는 신라의 첫 번째 왕이 되었어요.

3 세부 내용

이 글의 내용으로 맞으면 ○표, 틀리면 ×표 하세요.

(1) 사로국은 6명의 촌장들이 다스리고 있었어요. ( )

(2) 박혁거세는 자줏빛이 나는 큰 알에서 나왔어요. ( )

(3) 김수로는 6개의 알 중에서 마지막 알을 깨고 나왔어요. ( )

4 내용 추론

촌장들이 박혁거세를 왕으로 삼은 까닭으로 알맞은 것은 무엇인가요? ( )

① 알의 빛깔이 아름다워서

② 금빛 상자가 값비싸 보여서

③ 하늘에서 내려왔다고 생각해서

오늘의 한 문장 정리

________________ 는 신라를 세웠고, 김수로는 금관가야를 세웠어요.

바다 건너 이어진 사랑 이야기

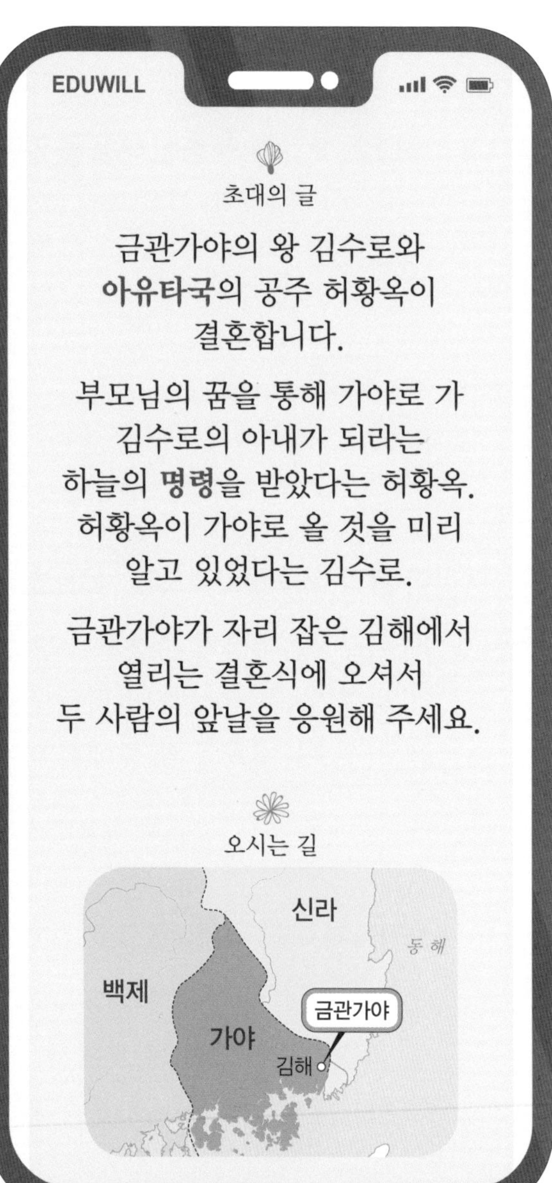

- **아유타국** 지금의 인도 지역에 있었다고 전해지는 작은 나라예요.
- **명령** 윗사람이 아랫사람에게 무엇을 하게 시키는 것을 말해요. '지시'와 비슷한 말이에요.

오늘의 날짜 월 일

1 **이 초대장은 어떤 행사에 초대하는 것인가요?** ( )

① 결혼식 ② 생일잔치 ③ 영화 시사회

2 **이 초대장의 내용으로 맞으면 ○표, 틀리면 ×표 하세요.**

(1) 김수로는 고조선의 공주와 결혼했어요. ( )

(2) 김수로는 허황옥이 가야로 올 것을 알지 못했어요. ( )

(3) 허황옥은 김수로의 아내가 되라는 하늘의 명령을 받았어요. ( )

3 **다음 ( ) 안에 들어갈 알맞은 낱말을 골라 ○표 하세요.**

허황옥은 바다를 건너 가야로 와서 (**김수로** , **박혁거세**)의 왕비가 되었어요.

4 **다음 빈칸에 들어갈 알맞은 낱말을 이 초대장에서 찾아 쓰세요.**

이 우표는 2019년에 한국과 인도에서 함께 만든 것으로 허황옥과 파사 석탑이 그려져 있습니다. 허황옥은 ____________ 을/를 세운 김수로의 왕비입니다. 파사 석탑은 허황옥이 바다를 건너올 때 파도신의 화를 잠재우고자 배에 싣고 온 탑으로 전해집니다.

초등 사회 5-2 | 나라의 등장과 발전

고구려와 백제를 세운 왕은 누구일까요?

주몽

- 기원전 58 ~ 기원전 19년
- 고구려의 첫 번째 왕
- 알에서 태어났고 활을 잘 쏘았으며, 졸본에 나라를 세움.

1 문단 어느 날 물의 신 하백의 딸 유화가 물놀이를 갔다가 하늘 신의 아들인 해모수를 만나 사랑에 빠졌어요. 허락받지 못한 사랑을 하였다고 해서 집에서 쫓겨난 유화는 우연히 부여의 금와왕을 만나 그의 보호를 받게 되었지요. 금와왕의 궁궐에서 지내던 유화는 신비한 빛을 받아 커다란 알을 낳았고, 알에서 남자아이가 태어났어요. 그 아이는 어릴 때부터 활을 쏘는 실력이 매우 뛰어났어요. 그래서 사람들은 그 아이를 '활을 잘 쏘는 사람'이라는 뜻을 담은 '주몽'으로 불렀답니다. 부여의 다른 왕자들은 자신들보다 뛰어난 재주를 가진 주몽을 **시샘했어요**. 이들의 괴롭힘 때문에 주몽은 부여를 떠났어요. 그리고 자신을 따르는 사람들과 함께 남쪽으로 내려와 졸본 지역에 새로운 나라인 고구려를 세웠어요.

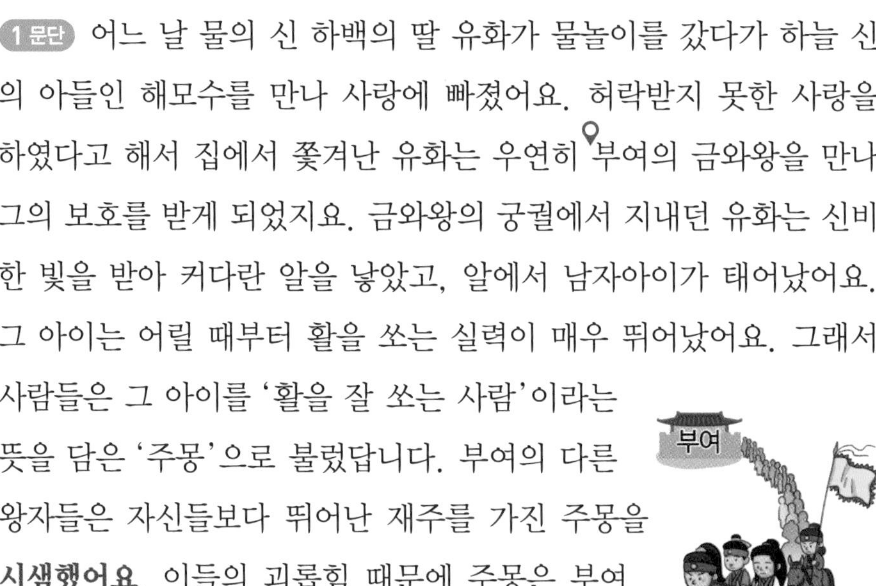

온조

- ? ~ 28년
- 백제의 첫 번째 왕
- 고구려에서 내려와 한강 유역에 나라를 세움.

2 문단 한편 주몽에게는 부여에 두고 온 큰아들 유리와 또 다른 아들 비류와 온조가 있었어요. 어느 날 유리가 주몽을 찾아와 **태자**의 자리에 오르자 비류와 온조는 고구려를 떠났어요. 형인 비류는 미추홀(오늘날 인천)에, 동생인 온조는 한강 **유역**의 위례성(한성, 오늘날 서울)에 나라를 세웠어요. 비류가 자리 잡은 미추홀은 바다와 가까웠기 때문에 물이 짜서 농사짓기 어려웠어요. 그래서 비류를 따르던 사람들은 비류가 죽은 뒤 온조에게로 왔어요. 온조는 백성이 많아지고 나라가 커지자 나라의 이름을 '백제'로 정했어요.

부여
한반도 북쪽 땅이자 중국 동북 지방인 만주 지역에 있던 옛 국가예요. 부여에서 갈라져 내려온 사람들이 고구려와 백제를 세웠어요.

- **시샘하다** 자기보다 잘되거나 나은 사람을 미워하는 것을 말해요.
- **태자** 임금의 자리를 이을 임금의 아들이에요.
- **유역** 강의 주변 지역을 뜻해요.

● 바른답과 도움말 03쪽

오늘의 날짜 월 일

1주

1 중심 낱말

1 문단 의 중심 낱말로 알맞은 것은 무엇인가요? ( )

① 온조 ② 주몽 ③ 금와왕

2 중심 내용

1 문단 , 2 문단 의 중심 내용을 알맞게 줄로 이으세요.

1 문단 •		• 알에서 태어난 주몽은 졸본 지역에 고구려를 세웠어요.
2 문단 •		• 온조는 위례성에 나라를 세운 뒤 나라 이름을 백제로 정했어요.

3 세부 내용

이 글의 내용으로 맞으면 ○표, 틀리면 ×표 하세요.

(1) 유화가 낳은 알에서 주몽이 태어났어요. ( )

(2) 주몽은 부여를 떠나 남쪽으로 내려갔어요. ( )

(3) 주몽은 백제 왕자들이 자신을 시샘하자 백제를 떠났어요. ( )

4 어휘 표현

다음 빈칸에 들어갈 알맞은 낱말을 이 글에서 찾아 쓰세요.

> 유화가 낳은 알에서 태어난 남자아이는 활을 쏘는 실력이 매우 뛰어나 사람들에게 ______________(이)라고 불렸어요.

오늘의 한 문장 정리

주몽은 고구려를 세웠고, ______________ 는 백제를 세웠어요.

지문분석 동영상강의

3일차
신문기사

초등 사회 5-2 | 나라의 등장과 발전

같은 뿌리를 가진 두 나라

에듀윌뉴스 × +

https://eduwillnews.com/Koguryo&Backje

뉴스홈 | 다시보기 | 커뮤니티 — e 에듀윌뉴스

속보 | 정치 | 경제 | 사회 | 국제 | 문화 | 연예 | 날씨 | 스포츠

(가)

입력 20○○년 ○○월 ○○일 16:13

고구려 장군총 고구려의 돌무지무덤

서울 석촌동 고분 백제의 돌무지무덤

역사책 『**삼국사기**』에는 고구려와 백제의 건국 이야기가 실려 있다. 이 책에는 주몽이 부여에서 내려와 고구려를 세웠고, 주몽의 아들인 온조가 자신을 따르는 사람들을 이끌고 한강 유역에 백제를 세웠다고 기록되어 있다. 최근에 그 기록을 뒷받침하는 **유적**이 발견되어 많은 사람들의 주목을 받고 있다.

고구려에서는 건국 초기에 사람이 죽으면 돌을 계단처럼 쌓은 돌무지무덤에 시신을 묻었다. 이러한 고구려의 무덤 **양식**이 백제의 첫 번째 도읍이 있었던 한강 유역에서도 발견된 것이다. 백제의 무덤이 고구려의 무덤 양식과 비슷하다는 것을 통해 백제를 세운 사람들이 고구려에서 왔음을 짐작할 수 있다.

총 의견 수 2개 ↻새 글 보기 | 최신순 | 추천순 | 반대순

ㄴ 민경 부여, 고구려, 백제가 서로 연결되어 있다는 것을 알 수 있겠네요!

ㄴ 지민 백제 왕족의 성씨가 부여씨라는 점도 세 나라의 연관성을 보여 줘요.

- 『삼국사기』 고려 시대에 김부식이 지은 역사책으로, 고구려, 백제, 신라의 건국과 발전 내용이 기록되어 있어요.
- 유적 크기가 크며 위치를 이동할 수 없는 역사적인 장소를 뜻해요.
- 양식 일정한 모양이나 형식을 말해요. '방식'과 비슷한 말이에요.

오늘의 날짜 월 일

1 (가)에 들어갈 이 신문기사의 제목으로 알맞은 것은 무엇인가요? (　　　)

① 단군왕검, 고조선을 세우다
② 주몽, 부여에서 내려와 고구려를 세우다
③ 한강 유역에서 고구려 양식의 무덤이 발견되다

2 이 신문기사의 내용으로 맞으면 ○표, 틀리면 ×표 하세요.

(1) 백제 왕족의 성씨는 부여씨였어요. (　　　)
(2) 고구려의 도읍은 한강 유역에 있었어요. (　　　)
(3) 삼국사기에 고구려와 백제의 건국 이야기가 실려 있어요. (　　　)

3 다음 빈칸에 들어갈 알맞은 낱말을 이 신문기사에서 찾아 쓰세요.

삼국사기에 나와 있는 기록과 한강 유역에서 발견된 백제의 무덤을 통해 ______________ 에서 온 사람들이 백제를 세웠음을 짐작할 수 있어요.

4 다음 빈칸에 들어갈 낱말로 알맞은 것은 무엇인가요? (　　　)

이 무덤은 고구려의 장군총이에요. 고구려의 초기 무덤 양식으로 돌을 쌓아서 만든 ______________ 입니다.

① 돌담
② 고인돌
③ 돌무지무덤

왕에게 백성을 위한 제도를 건의한 고구려 관리는 누구일까요?

을파소

- ? ~ 203년
- 고구려의 관리
- 고구려 고국천왕에게 백성을 위한 제도 실시를 건의함.

1 문단 고구려의 고국천왕은 귀족의 힘을 누르고 왕의 힘을 키우기 위해 노력했어요. 귀족들에게 휘둘리지 않을 인물을 신하로 뽑아 나라의 **기틀**을 튼튼히 하려고 했지요. 고국천왕이 뽑은 그 새로운 인물이 바로 을파소였답니다. 농부였던 을파소는 뛰어나게 지혜로운 사람이었어요. 안유라는 신하가 을파소를 추천하자 고국천왕은 을파소를 데려와 **벼슬**을 주었어요. 그러나 을파소는 이를 정중히 거절했어요. "저는 어리석어 왕의 명령을 따르기 어렵습니다. 다른 똑똑한 사람을 뽑아 높은 자리를 주어 원하는 바를 이루십시오." 왕이 주려는 벼슬이 낮아 나라에 도움이 되기 어렵다고 생각한 것이지요. 그러자 고국천왕은 을파소의 깊은 뜻을 알아채고 그에게 신하들 중 최고의 자리를 벼슬로 주었어요.

2 문단 당시 고구려의 가난한 백성들은 봄이 되면 먹을 것이 떨어져 힘겹게 살아가고 있었어요. 을파소는 식량을 구할 수 없어 굶어 죽는 백성들을 위해 나라의 창고에 쌓여 있는 곡식을 봄에 빌려주고 가을에 갚게 하는 제도를 생각해 냈어요. 이 제도가 을파소의 **건의**로 고국천왕 때 실시된 진대법이랍니다. 진대법이 실시되면서 고구려의 가난한 백성들의 살림살이가 조금이나마 나아지게 되었어요.

고국천왕
고구려의 제9대 왕이에요. 을파소를 뽑아 여러 가지 정책을 펼치며 나라의 기틀을 다졌어요.

- **기틀** 어떤 일의 기본이 되는 것을 말해요. '기반'과 비슷한 말이에요.
- **벼슬** 나랏일을 하는 관리의 자리를 말해요.
- **건의** 의견이나 바라는 사항을 내놓는 것을 말해요. '제안'과 비슷한 말이에요.

오늘의 날짜 월 일

1주

1 중심 낱말

이 글의 중심 낱말로 알맞은 것은 무엇인가요? ( )

① 안유 ② 온조 ③ 을파소

2 중심 내용

1 문단, 2 문단 의 중심 내용을 알맞게 줄로 이으세요.

1 문단 •		• 을파소는 왕에게 최고의 벼슬을 받았어요.
2 문단 •		• 을파소의 건의로 진대법이 실시되었어요.

3 내용 추론

을파소가 진대법을 건의한 까닭으로 알맞은 것은 무엇인가요? ( )

① 백성들을 구하기 위해서

② 자신이 먹을 식량이 부족해서

③ 왕에게 더 높은 벼슬을 받기 위해서

4 내용 요약

이 글의 내용을 요약했어요. ( ) 안에 들어갈 알맞은 낱말을 골라 ○표 하세요.

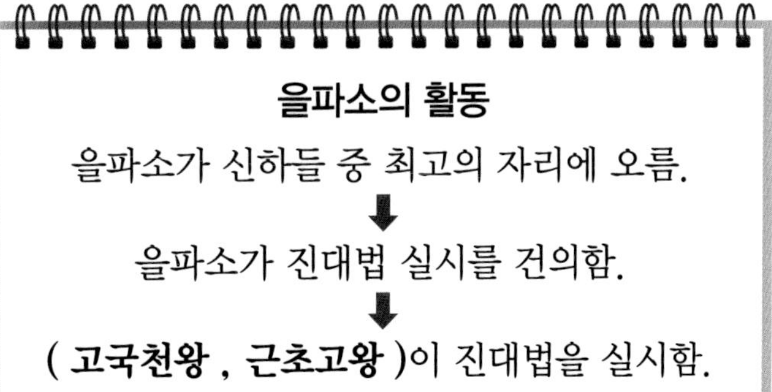

을파소의 활동

을파소가 신하들 중 최고의 자리에 오름.

⬇

을파소가 진대법 실시를 건의함.

⬇

(**고국천왕 , 근초고왕**)이 진대법을 실시함.

을파소는 왕에게 ________에 나라에서 곡식을 빌려주고 ________에 갚게 하는 진대법 실시를 건의했어요.

가난한 백성을 구한 고구려 관리

194년 ◯◯월 ◯◯일 ◯요일 날씨:

제목: 백성들을 위한 제도를 건의하다

오늘은 고국천왕의 부름을 받아 궁궐에 다녀왔다. 왕께서는 내게 얼마 전 신하들과 사냥을 나가는 길에 어떤 백성을 만난 일을 말씀해 주셨다. 왕께서 길에 주저앉아 우는 백성에게 까닭을 묻자, 그가 흉년이 들어 홀어머니와 함께 살지 못하게 된 상황을 말했다고 하셨다.

왕께서는 이 이야기를 듣고 형편이 어려운 백성들을 구하기 위한 방법을 찾고자 하셨다. 그래서 나에게도 좋은 방법이 없는지 물으셨다. 나는 식량이 부족해지는 봄에 백성들에게 곡식을 빌려주었다가 추수를 하는 가을에 빌린 곡식을 갚게 하는 제도인 진대법을 말씀드렸다. 왕께서 "과연 을파소는 좋은 방법을 생각해 냈구나."라고 하시며 앞으로 온 고구려에 진대법을 실시하겠다고 약속하셨다. 내가 생각해 낸 방법이 백성들을 위해 쓰인다니 매우 기쁘고 뿌듯했다.

- 흉년 농사가 잘되지 않아 농작물이 적게 난 해를 말해요. 농작물이 많이 난 해를 뜻하는 '풍년'이 반대말이에요.
- 홀어머니 남편을 잃고 혼자 자식을 키우며 사는 여자를 말해요.
- 형편 살림살이의 상황을 말해요.
- 추수 가을에 익은 곡식을 거두어들이는 일을 말해요.

바른답과 도움말 03쪽

오늘의 날짜 월 일

1주

1 이 일기를 쓴 인물은 누구인가요? ( )

① 김수로 ② 을파소 ③ 고국천왕

2 이 일기의 내용으로 맞으면 ○표, 틀리면 ×표 하세요.

(1) 고국천왕은 백제의 왕이에요. ( )

(2) 흉년이 들어 고구려 백성들의 형편이 어려워졌어요. ( )

(3) 을파소는 고국천왕에게 백성들을 위한 제도를 건의했어요. ( )

3 다음 빈칸에 들어갈 알맞은 낱말을 이 일기에서 찾아 쓰세요.

고국천왕은 을파소가 건의한 ______________ 을/를 실시할 것을 약속했어요.

4 이 일기를 바탕으로 영화로 만들 때 볼 수 없는 장면은 무엇인가요? ( )

①

△ 을파소가 백성들에게 곡식을 나누어 주는 장면

②

△ 을파소가 백성들의 곡식을 빼앗아 가는 장면

백제의 전성기를 이끈 왕은 누구일까요?

근초고왕

- ? ~ 375년
- 백제의 제13대 왕
- 영토를 넓히고 주변 나라와 교류하며 백제의 전성기를 이끎.

1 문단 고구려, 백제, 신라 중 어느 나라가 가장 먼저 **전성기**를 맞이했을까요? 그 나라는 바로 한강 유역에 세워진 백제였어요. 백제의 13번째 왕, 근초고왕은 백제를 가장 강한 나라로 만들겠다는 꿈을 키웠어요. 근초고왕은 자신의 꿈을 이루기 위해 나라의 땅을 넓히는 데 힘썼어요. 먼저 강력한 군대를 이끌고 가 농사가 잘되는 남쪽의 평야 지대를 **차지했고**, 남해안까지 땅을 넓혔어요. 그리고 고구려를 공격해 평양성에서 고구려 고국원왕의 목숨을 빼앗는 등 북쪽으로도 땅을 넓혔지요. 마침내 근초고왕은 백제 역사상 가장 넓은 땅을 차지하며 전성기를 맞이했어요.

2 문단 근초고왕은 백제와 주변 나라들을 잇는 바닷길을 장악하고 중국, 왜(일본을 부르던 옛 이름)와 활발하게 **교류했어요**. 백제는 중국 남쪽에 있는 동진으로부터 앞선 문화를 받아들였어요. 특히 왜와 가장 활발히 교류했는데, 이를 보여 주는 칠지도라는 문화유산이 남아 있지요. 한편 근초고왕은 강해진 나라의 힘을 **과시하기** 위해 고흥에게 백제의 역사를 담은 『서기』라는 책을 쓰게 했어요. 근초고왕 덕분에 백제는 강한 나라가 되었답니다.

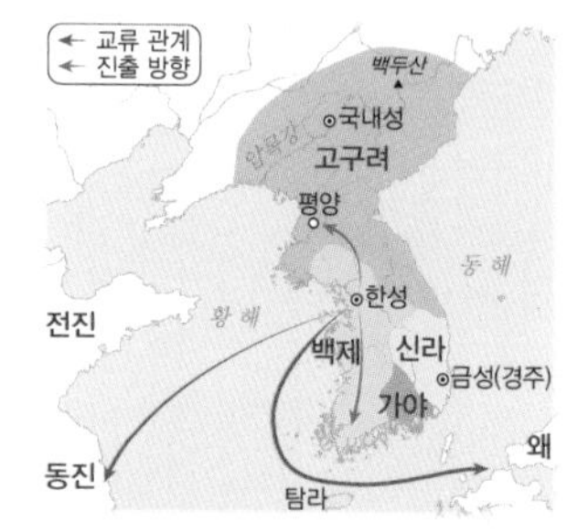

백제의 전성기 때 영토와 주변 나라와의 교류

칠지도

칠지도는 '일곱 개의 가지가 있는 칼'이라는 뜻이에요. 칼에는 백제의 태자가 왜의 왕에게 강철로 만든 칼을 내려 준다는 글이 새겨져 있어요. 백제 근초고왕 때 왜에 전해 준 것으로 여겨져요.

- 전성기 나라의 힘이 가장 센 때를 말해요.
- 차지하다 물건, 공간 등을 자기 몫으로 가져가는 것을 뜻해요.
- 교류하다 문화나 사상 등을 나라, 지역, 개인 간에 서로 주고받는 것을 말해요.
- 과시하다 능력이나 의지를 자랑스럽게 드러내 보이는 것을 말해요.

바른답과 도움말 04쪽

오늘의 날짜 월 일

1 중심 낱말

이 글의 중심 낱말로 알맞은 것은 무엇인가요? ( )

① 고흥 ② 고국원왕 ③ 근초고왕

2 중심 내용

1 문단, 2 문단의 중심 내용을 알맞게 줄로 이으세요.

1 문단 •		• 근초고왕은 백제의 땅을 크게 넓히고 전성기를 이루었어요.
2 문단 •		• 근초고왕은 주변 나라와 활발히 교류하고 백제의 역사책을 쓰게 했어요.

3 어휘 표현

다음 ( ) 안에 들어갈 알맞은 낱말을 골라 ○표 하세요.

백제는 칠지도를 보내는 등 왜와 활발히 (**과시** , **교류**)했어요.

4 내용 요약

이 글의 내용을 요약했어요. ㉠, ㉡에 들어갈 알맞은 낱말을 이 글에서 찾아 쓰세요.

정치
- 남해안까지 영토를 넓힘.
- (㉠)을/를 공격해 북쪽으로 영토를 넓힘.

백제 근초고왕

외교 · 문화
- 주변 나라와 활발히 교류함.
- 고흥에게 (㉡)(이)라는 역사책을 쓰게 함.

㉠ ____________ ㉡ ____________

백제는 ____________ 때 전성기를 맞이했어요.

강한 나라를 꿈꾼 근초고왕

에듀윌박물관 × +

https://eduwillmuseum.com/Geunchogowang

EDUWILL MUSEUM

에듀윌박물관

박물관 소개 | 전시 안내 | 소장품 안내 | 교육 안내 | 자료실 | 공지 사항

근초고왕의 꿈

진행 중 ★특별 전시

전시 안내 > 온라인 전시

근초고왕이 꿈꾼 백제를 만나다

“여러분은 근초고왕에 대해 얼마나 알고 있나요?”

백제의 근초고왕은 왕의 자리를 형제가 아닌 아들에게 물려주어 왕의 힘을 키웠어요. 그리고 백제 역사에서 가장 넓은 영토를 차지해 고구려, 신라보다 먼저 전성기를 이루었답니다. 그 과정에서 백제를 자주 침입하던 고구려를 공격해 고국원왕을 죽게 하기도 했어요. 이후 근초고왕은 해외로 눈을 돌려 중국과 문화를 주고받고, 왜에 뛰어난 학자를 보내 주는 등 왜의 문화가 발전하는 데 도움을 주었지요. 근초고왕 때 백제의 강한 힘은 칠지도와 역사책 『서기』를 통해 엿볼 수 있어요. 칠지도는 근초고왕 때 왜의 왕에게 전해 준 것으로 여겨지는 강철 칼이에요. 이를 통해 근초고왕 때 백제가 왜와 활발히 교류했다는 사실을 알 수 있어요. 근초고왕이 고흥에게 쓰게 한 『서기』는 아쉽게도 오늘날 남아 있지는 않아요. 이번 전시가 여러분이 근초고왕과 조금 더 가까워지는 기회가 되기를 바랍니다.

기본 정보

기간 20○○년 ○○월 ○○일~20○○년 ○○월 ○○일
장소 에듀윌박물관 1층 특별 전시실
전시품 근초고왕 때 백제의 발전을 알려 주는 유물 53점
운영 시간 10:00~18:00

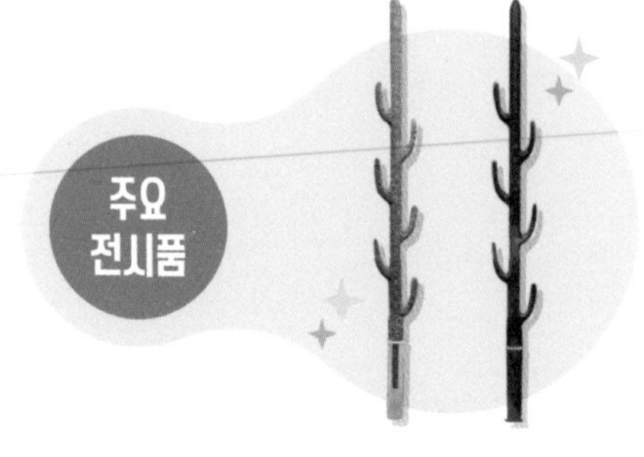

- 영토 한 나라의 땅을 말해요.
- 침입하다 남의 땅이나 나라에 쳐들어오는 것을 뜻해요.

1 이 전시는 어느 나라와 관련된 전시인가요? ( )

① 백제 ② 신라 ③ 고구려

2 이 전시의 내용으로 맞으면 ○표, 틀리면 ×표 하세요.

(1) 백제는 삼국 중 가장 늦게 전성기를 맞이했어요. ( )

(2) 근초고왕은 아들에게 왕의 자리를 물려주었어요. ( )

(3) 근초고왕 때 고흥이 쓴 서기는 오늘날 남아 있어요. ( )

3 다음 빈칸에 들어갈 알맞은 낱말을 이 전시에서 찾아 쓰세요.

__________ 은/는 백제 근초고왕 때 왜의 왕에게 전해 주었다고 알려져 있어요.

4 이 전시를 본 후 선생님의 물음에 알맞게 대답한 어린이는 누구인가요? ( )

① 성희: 근초고왕은 백제를 세웠어요.

② 지수: 근초고왕은 중국과 교류하지 않았어요.

③ 소현: 근초고왕은 왜에 학자를 보내 주었어요.

어휘 정리

1~5일 지문에서 나온 중요 어휘를 정리해 보세요.

1 **밑줄 친 낱말의 뜻을 알맞게 줄로 이으세요.**

주몽은 졸본 지역에서 고구려를 건국했어요.	• •	나라를 세우다.
근초고왕은 남쪽의 평야 지대를 차지했어요.	• •	살림살이의 상황
단군왕검은 아사달을 도읍으로 정하고 고조선을 세웠어요.	• •	한 나라의 중앙 정부가 있는 도시
백제의 근초고왕은 중국, 왜와 활발하게 교류했어요.	• •	물건, 공간 등을 자기 몫으로 가져가다.
을파소는 형편이 어려운 고구려 백성들을 돕고자 했어요.	• •	문화나 사상 등을 나라, 지역, 개인 간에 서로 주고받다.
고구려에서 온 사람들이 백제를 세웠음을 알려 주는 유적이 발견되었어요.	• •	크기가 크며 위치를 이동할 수 없는 역사적인 장소

오늘의 날짜 월 일

2 밑줄 친 낱말과 뜻이 비슷한 낱말을 〈보기〉에서 찾아 빈칸에 쓰세요.

〈보기〉

기반 방식 연합 제안 지시

(1) 백제의 무덤 양식은 고구려의 것과 비슷해요. ________
일정한 모양이나 형식

(2) 을파소의 건의로 고국천왕 때 진대법이 실시되었어요. ________
의견이나 바라는 사항을 내놓는 것

(3) 김수로의 금관가야와 다섯 가야가 가야 연맹을 이루었어요. ________
서로 돕고 함께할 것을 약속한 집단

(4) 허황옥은 김수로의 아내가 되라는 하늘의 명령을 받았어요. ________
윗사람이 아랫사람에게 무엇을 하게 시키는 것

(5) 고구려의 고국천왕은 나라의 기틀을 튼튼히 하려고 했어요. ________
어떤 일의 기본이 되는 것

3 다음 ( ) 안에 들어갈 알맞은 낱말을 골라 ○표 하세요.

(1) 고조선에는 (**엄격한** , **엄껵한**) 법인 8조법이 있었어요.

(2) (**흉년** , **흉연**)이 들어 고구려 백성들의 생활이 어려워졌어요.

(3) 근초고왕은 (**해왜** , **해외**)로 눈을 돌려 주변 나라들과 교류했어요.

(4) 근초고왕은 백제의 힘을 (**가시** , **과시**)하기 위해 역사책을 쓰게 했어요.

(5) 주몽은 자신을 (**시샘하는** , **시셈하는**) 부여 왕자들을 피해 남쪽으로 내려갔어요.

2주

400년

광개토 대왕이 군사를 보내 신라를 도왔어요.

512년

이사부가 우산국을 정복했어요.

527년

이차돈의 죽음으로 신라가 불교를 받아들이게 되었어요.

427년

장수왕이 도읍을 평양으로 옮겼어요.

연표를 따라가며 **2주차**에 만날 인물의
이름과 **살았던 때**, **활동**을 살펴보세요.

538년

성왕이 도읍을
사비로 옮겼어요.

553년

진흥왕이 한강 유역을
모두 차지했어요.

554년

성왕이 관산성 전투에서
죽음을 맞았어요.

고구려를 천하의 중심으로 만든 왕은 누구일까요?

광개토 대왕
- 374 ~ 412년
- 고구려의 제19대 왕
- 영토를 크게 넓혀 고구려의 전성기를 엶.

1문단 고구려의 고국양왕이 죽자 어린 왕자 담덕이 왕이 되었어요. 그가 바로 광개토 대왕이에요. '광개토'는 영토를 아주 많이 넓혔기 때문에 붙여진 이름이랍니다. 광개토 대왕은 백제를 공격해 고구려의 영원한 신하가 되겠다는 백제 왕의 항복을 받아 내고 한강의 북쪽 지역을 차지했어요. 이후 광개토 대왕은 북쪽의 여러 나라를 공격해 영토를 크게 넓혔어요. 그리고 가야와 왜의 공격을 받은 신라가 도와 달라고 하자, 군대를 보내 가야와 왜의 군대를 물리쳤어요. 고구려의 힘이 신라와 가야까지 미치게 된 것이지요. 드넓은 땅을 차지한 광개토 대왕은 중국의 **연호**를 따르지 않고 독자적인 연호인 '영락'을 사용했어요. 이를 통해 고구려가 중국과 **대등한** 나라라는 자신감을 나타낸 거예요.

장수왕
- 394~491년
- 고구려의 제20대 왕
- 한반도 중부 지역까지 차지해 고구려의 전성기를 이끎.

2문단 광개토 대왕의 뒤를 이은 장수왕은 오래 살았기 때문에 '장수'라는 이름이 붙여진 왕이에요. 장수왕은 아버지인 광개토 대왕이 이룬 일들을 알리기 위해 광개토 대왕릉비를 세웠어요. 그리고 도읍을 국내성에서 평양성으로 옮기고, 중국과의 **외교**에 힘을 쏟아 나라를 안정적으로 이끌었어요. 이후 백제의 도읍 한성을 빼앗아 한강 남쪽 지역을 차지하며 한반도의 중부 지역까지 영토를 넓혔지요. 고구려는 광개토 대왕과 장수왕 때 거대한 영토를 가진 나라가 되어 전성기를 누렸답니다.

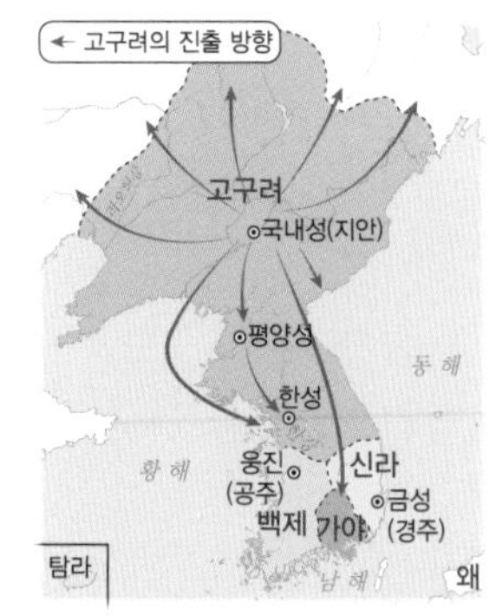

△ 고구려의 전성기 때 영토

- 연호 왕이 즉위한 해를 기준으로 연도를 헤아리는 호칭이에요.
- 대등하다 서로 높고 낮음이나 낫고 못함이 없이 비슷함을 의미해요.
- 외교 자기 나라의 이익을 위해 다른 나라와 관계를 맺는 일을 말해요.

바른답과 도움말 05쪽

오늘의 날짜 월 일

1 중심 낱말

1 문단 의 중심 낱말로 알맞은 것은 무엇인가요? ( )

① 장수왕 ② 고국양왕 ③ 광개토 대왕

2 중심 내용

1 문단 , 2 문단 의 중심 내용을 알맞게 줄로 이으세요.

1 문단	•	•	장수왕은 한반도의 중부 지역까지 영토를 넓혔어요.
2 문단	•	•	광개토 대왕은 고구려의 영토를 크게 넓혔어요.

3 어휘 표현

다음 빈칸에 들어갈 알맞은 낱말을 이 글에서 찾아 쓰세요.

광개토 대왕은 ________________ (이)라는 독자적인 연호를 사용해 고구려가 중국과 대등한 나라라는 자신감을 나타냈어요.

4 내용 요약

이 글의 내용을 요약했어요. ㉠, ㉡에 들어갈 알맞은 낱말을 이 글에서 찾아 쓰세요.

㉠	고구려의 왕	㉡
• 한강의 북쪽 지역을 차지함. • 북쪽으로 영토를 크게 넓힘. • 신라를 도와 가야·왜를 물리침.		• 도읍을 평양성으로 옮김. • 백제의 도읍 한성을 빼앗음. • 한반도 중부 지역까지 차지함.

㉠ ________________ ㉡ ________________

고구려는 ________________ 과 장수왕 때 전성기를 이루었어요.

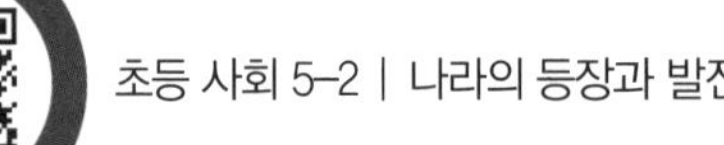

1일차 뉴스

초등 사회 5-2 | 나라의 등장과 발전

돌에 새겨진 고구려의 자부심

최 기자: 네. 저는 광개토 대왕릉비 앞에 나와 있습니다. 고구려의 역사를 연구하시는 김 박사님과 이야기를 나눠 보겠습니다. 김 박사님, 이 거대한 **비석**에 대해 소개해 주시죠.

김 박사: 광개토 대왕릉비는 고구려 장수왕이 아버지인 광개토 대왕의 **업적**을 알리기 위해 세운 비석입니다. 고구려의 땅이었던 중국 지린성 지안시에 위치하고 있지요. 비석의 높이는 약 6.4m로 아파트 3~4층 정도의 높이와 비슷합니다. 이 비석에는 주몽이 고구려를 건국한 일, 광개토 대왕이 영토를 크게 넓힌 일, 광개토 대왕이 신라를 도와 가야와 왜의 군대를 물리친 일 등이 기록되어 있습니다.

최 기자: 광개토 대왕릉비를 통해 고구려의 역사를 살펴볼 수 있겠군요. 또 어떤 내용이 새겨져 있나요?

김 박사: 광개토 대왕릉비에는 고구려인들이 하늘의 자손임을 드러내는 글이 새겨져 있습니다. 이것에서 당시 고구려인들이 세상의 중심이 자신들이라는 **자부심**을 갖고 있었음을 알 수 있습니다.

최 기자: 네, 그렇군요. 김 박사님, 광개토 대왕릉비에 대해 자세히 말씀해 주셔서 감사합니다. 이상 광개토 대왕릉비 앞에서 최 기자였습니다.

- 비석 죽은 사람이 살아 있을 때 한 일에 대한 글을 새긴 돌을 말해요.
- 업적 어떤 일에서 노력을 들여 만든 결과를 뜻해요. '공로'와 비슷한 말이에요.
- 자부심 자기와 관련되어 있는 것에 대해 스스로 당당히 여기는 마음이에요.

오늘의 날짜 월 일

2주

1 광개토 대왕릉비는 어떤 문화유산인가요? (　　　)

① 절　　② 불상　　③ 비석

2 이 뉴스의 내용으로 맞으면 ○표, 틀리면 ×표 하세요.

(1) 광개토 대왕릉비는 우리나라에 있어요. (　　　)

(2) 광개토 대왕릉비의 높이는 아파트 3~4층 높이와 비슷해요. (　　　)

(3) 고구려인들은 세상의 중심이 자신들이라는 자부심을 가졌어요. (　　　)

3 다음 빈칸에 들어갈 알맞은 낱말을 이 뉴스에서 찾아 쓰세요.

광개토 대왕릉비는 ______________ 이/가 아버지인 광개토 대왕의 업적을 알리기 위해 세운 비석이에요.

4 광개토 대왕릉비에 나와 있는 내용으로 알맞지 않은 것은 무엇인가요? (　　　)

① 광개토 대왕은 고구려를 건국했어요.

② 광개토 대왕은 고구려의 영토를 크게 넓혔어요.

③ 광개토 대왕은 신라를 도와 가야와 왜의 군대를 물리쳤어요.

광개토 대왕릉비

울릉도와 독도는 언제부터 우리 땅이 되었을까요?

이사부
- ?~?년
- 신라의 장군, 관리
- 지증왕 때 우산국을 정복함.

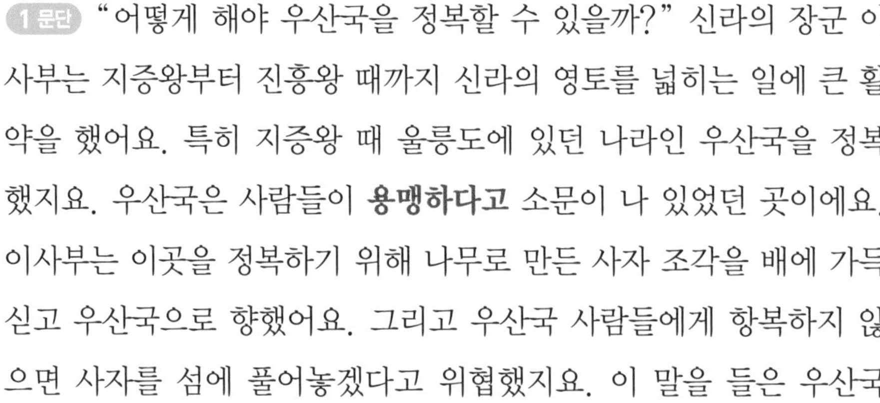

1 문단 "어떻게 해야 우산국을 정복할 수 있을까?" 신라의 장군 이사부는 지증왕부터 진흥왕 때까지 신라의 영토를 넓히는 일에 큰 활약을 했어요. 특히 지증왕 때 울릉도에 있던 나라인 우산국을 정복했지요. 우산국은 사람들이 **용맹하다고** 소문이 나 있었던 곳이에요. 이사부는 이곳을 정복하기 위해 나무로 만든 사자 조각을 배에 가득 싣고 우산국으로 향했어요. 그리고 우산국 사람들에게 항복하지 않으면 사자를 섬에 풀어놓겠다고 위협했지요. 이 말을 들은 우산국 사람들은 싸우는 것을 포기하고 신라에 항복했어요. 이사부의 활약 덕분에 신라는 우산국을 차지할 수 있었고, 우산국에 속해 있던 독도가 이때부터 우리 땅이 되었답니다.

△ 독도

지증왕
- 437~514년
- 신라의 제22대 왕
- 신라가 발전할 수 있는 기반을 마련함.

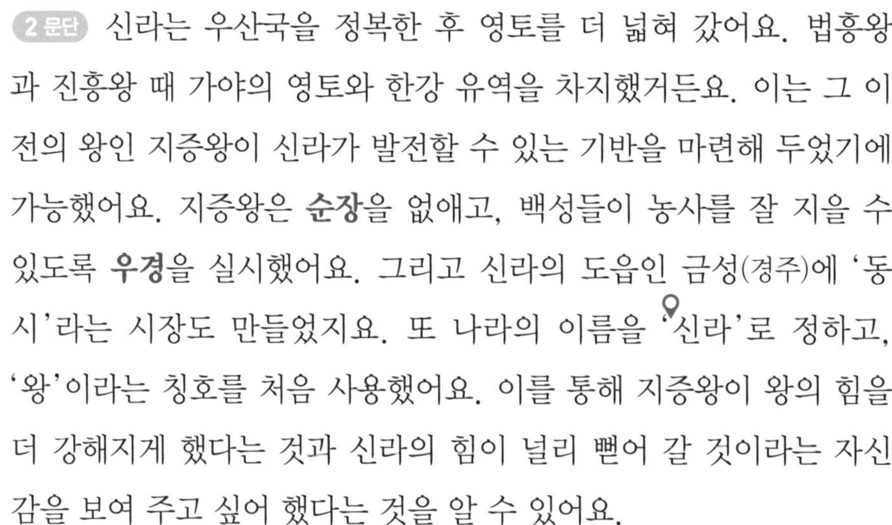

2 문단 신라는 우산국을 정복한 후 영토를 더 넓혀 갔어요. 법흥왕과 진흥왕 때 가야의 영토와 한강 유역을 차지했거든요. 이는 그 이전의 왕인 지증왕이 신라가 발전할 수 있는 기반을 마련해 두었기에 가능했어요. 지증왕은 **순장**을 없애고, 백성들이 농사를 잘 지을 수 있도록 **우경**을 실시했어요. 그리고 신라의 도읍인 금성(경주)에 '동시'라는 시장도 만들었지요. 또 나라의 이름을 '신라'로 정하고, '왕'이라는 칭호를 처음 사용했어요. 이를 통해 지증왕이 왕의 힘을 더 강해지게 했다는 것과 신라의 힘이 널리 뻗어 갈 것이라는 자신감을 보여 주고 싶어 했다는 것을 알 수 있어요.

나라 이름을 '신라'로 정한 지증왕
지증왕은 '사로국', '서라벌' 등으로 불리던 나라 이름을 '신라'로 정했어요. '신라'는 왕의 덕이 나날이 새로워지고 사방에 고루 미친다는 의미를 지니고 있어요.

- **용맹하다** 용감하고 사나운 것을 뜻해요.
- **순장** 지배층인 왕이나 귀족이 죽으면 그의 신하나 노비 등을 함께 묻었던 풍습이에요.
- **우경** 소를 이용해 농사짓는 방식으로, 땅을 깊게 갈 수 있어 생산력이 크게 늘었어요.

● 바른답과 도움말 05쪽

오늘의 날짜 월 일

1 중심 낱말

1 문단 의 중심 낱말로 알맞은 것은 무엇인가요? ( )

① 이사부 ② 지증왕 ③ 진흥왕

2 중심 내용

1 문단 , 2 문단 의 중심 내용을 알맞게 줄로 이으세요.

1 문단	•	•	이사부는 지증왕 때 우산국을 정복했어요.
2 문단	•	•	지증왕은 신라 발전의 기반을 마련했어요.

3

세부 내용

이 글의 내용으로 알맞은 것은 무엇인가요? ( )

① 이사부는 고구려의 장군이에요.
② 이사부는 나라 이름을 신라로 정했어요.
③ 이사부의 활약으로 독도가 우리 땅이 되었어요.

4 내용 요약

이 글의 내용을 요약했어요. 빈칸에 들어갈 알맞은 낱말을 〈보기〉에서 골라 쓰세요.

〈보기〉
백제
신라
사로국

지증왕의 업적

• 이사부에게 명하여 우산국을 정복함.
• 금성에 '동시'라는 시장을 만듦.
• 나라 이름을 ____________ (으)로 정함.

신라의 장군인 ________________ 는 지증왕 때 우산국을 정복했어요.

2일차 인터뷰

지문분석 동영상강의

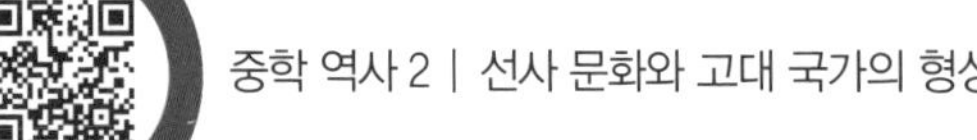

중학 역사 2 | 선사 문화와 고대 국가의 형성

신라의 전설이 된 이사부

지증왕 때 우산국(울릉도)을 정복해 신라의 살아 있는 전설로 불리시는데요. 그 이후의 일에 대해 말씀 부탁드립니다.

네, 저는 법흥왕과 진흥왕 때도 많은 일을 했어요. 신라가 가야를 **멸망시키고**, 한강 유역을 차지할 때도 큰 역할을 했지요. 그리고 **거칠부**가 역사책을 쓰도록 진흥왕께 건의도 했답니다.

3

- 멸망하다 망하여 없어지는 것을 말해요.
- 거칠부 신라 진흥왕 때 역사책인 『국사』를 지은 관리예요.
- 모시다 윗사람이나 존경하는 사람을 가까이에서 받드는 것을 뜻해요. '섬기다'와 비슷한 말이에요.

오늘의 날짜 월 일

1 이사부의 직업으로 알맞은 것은 무엇인가요? ( )

① 왕 ② 장군 ③ 종교인

2 이 인터뷰의 내용으로 맞으면 ○표, 틀리면 ×표 하세요.

(1) 이사부는 역사책을 썼어요. ( )

(2) 거칠부는 우산국을 정복했어요. ( )

(3) 이사부는 신라가 한강 유역을 차지할 때 큰 역할을 했어요. ( )

3 다음 지도에서 이사부가 정복한 우산국이 오늘날 어디인지 찾아 ○표 하세요.

4 이사부가 모신 신라의 왕을 모두 찾아 ○표 하세요.

문무왕	법흥왕	지증왕	진흥왕

지문분석 동영상강의

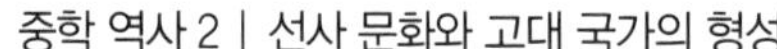

중학 역사 2 | 선사 문화와 고대 국가의 형성

3일차

글

불교를 위해 죽음을 선택한 인물은 누구일까요?

이차돈

- 506 ~ 527년
- 신라의 불교인
- 신라 법흥왕 때 불교 공인을 위해 목숨을 바침.

1문단 "백성들의 마음을 모으고 왕의 힘을 키우려면 불교가 필요해." 법흥왕은 천경림에 절을 짓고 불교를 신라의 종교로 받아들이고자 했어요. 그러나 불교를 믿지 않던 귀족들이 이를 강하게 반대했어요. 절을 지으려던 장소인 천경림은 신라 사람들이 **신성하게** 여기는 숲이었거든요.

2문단 이 소식을 들은 이차돈은 불교를 나라의 종교로 만들기 위해 자신의 목숨을 바치기로 결심했어요. 그리고 법흥왕을 찾아가 이렇게 말했어요. "불교를 위해서 이 한 몸 바치겠습니다. 제가 천경림에 절을 지을 테니, 만약 귀족들이 반대하면 저를 죽여 주십시오." 곧 이차돈이 몰래 절을 짓는다는 소식이 전해졌고, 예상했던 대로 귀족들은 거세게 반대했어요. 심지어 법흥왕을 찾아가 이차돈에게 큰 벌을 내려 달라고 한 귀족도 있었지요. 법흥왕은 이차돈을 당장 잡아들여 그의 목을 베라고 명령했어요.

3문단 매서운 칼날이 이차돈의 목을 베자 놀라운 일이 벌어졌어요. 이차돈의 잘린 목에서 흰색의 피가 나와 높이 솟아오르고, 하늘이 깜깜해지면서 꽃비가 내렸어요. 이 모습을 본 귀족들은 두려움에 떨었고, 더 이상 불교를 반대할 수 없었어요. 이후 이차돈의 **순교**로 법흥왕 때 신라에서 불교가 **공인되고**, 천경림에 흥륜사라는 절이 지어졌어요. 그렇게 신라에는 불교가 깊게 뿌리 내리게 되었지요.

이차돈 순교비

이차돈이 순교할 때의 모습이 새겨진 비석으로, 국립 경주 박물관에 가면 볼 수 있어요.

- 신성하다 함부로 가까이할 수 없을 만큼 훌륭하고 귀중함을 의미해요.
- 순교 종교를 지키기 위해 목숨을 바치는 일을 말해요.
- 공인하다 나라에서 공식적으로 인정해 주는 것을 말해요.

오늘의 날짜 월 일

2주

1 중심 낱말

3 문단 의 중심 낱말로 알맞은 것은 무엇인가요? ( )

① 이사부 ② 이차돈 ③ 장수왕

2 중심 내용

1 문단 , 2 문단 , 3 문단 의 중심 내용을 알맞게 줄로 이으세요.

1 문단 •		• 이차돈은 불교를 나라의 종교로 만들기 위해 목숨을 바치기로 결심했어요.
2 문단 •		• 법흥왕은 불교를 신라의 종교로 받아들이고자 했어요.
3 문단 •		• 이차돈의 순교로 법흥왕 때 신라에서 불교가 공인되었어요.

3 세부 내용

이 글의 내용으로 알맞지 않은 것은 무엇인가요? ( )

① 지증왕은 불교를 공인했어요.
② 법흥왕은 천경림에 절을 지으려 했어요.
③ 법흥왕은 이차돈을 잡아들여 목을 베라는 명령을 내렸어요.

4 내용 추론

이차돈이 순교한 까닭으로 알맞은 것은 무엇인가요? ( )

① 꽃비를 내리기 위해서
② 귀족들을 없애기 위해서
③ 불교를 나라의 종교로 만들기 위해서

오늘의 한 문장 정리

이차돈은 ______________ 를 나라의 종교로 만들기 위해 죽음을 택했어요.

중학 역사 2 | 선사 문화와 고대 국가의 형성

불교를 전하기 위한 최후의 결심

1

백성들의 복을 **빌고** 죄를 용서받으려면 우리 신라에서도 불교를 받아들이고 절을 지어야 하오.

지금은 흉년이 들어 백성들을 공사에 **동원하기** 어렵습니다.

더욱이 천경림같이 신성한 곳에 절을 짓는 것은 아니 되옵니다.

2

이차돈, 귀족들의 반대를 꺾을 방법을 말해 보시오.

후

제가 절을 지을 테니 귀족들 앞에서 저를 죽이십시오. 그러면 귀족들도 불교를 받아들일 것입니다.

3

천경림에 절을 짓는 이차돈을 벌해 주시옵소서.

이차돈을 당장 잡아들여 목을 베시오!

크흠

4

촤아아

어떻게 이런 일이! 목에서 흰 피가 솟고 꽃비가 내리다니….

• 빌다 생각한 대로 이루어지기를 바라는 것을 뜻해요.

• 동원하다 어떤 목적을 이루기 위해 사람을 모으는 것을 말해요.

오늘의 날짜 월 일

1 이차돈이 절을 지으려고 한 곳은 어디인가요? ( )

① 우산국 ② 천경림 ③ 평양성

2 이 웹툰의 내용으로 맞으면 ○표, 틀리면 ×표 하세요.

(1) 법흥왕은 불교를 받아들이려 했어요. ( )
(2) 신라 귀족들은 불교를 반대하지 않았어요. ( )
(3) 이차돈의 목을 베자 흰 피가 솟고 꽃비가 내렸어요. ( )

3 이 웹툰을 바탕으로 영화를 만들 때 포스터에 들어갈 영화의 제목으로 알맞은 것은 무엇인가요? ( )

① 광개토 대왕의 영토 확장
② 주몽의 고구려 건국 이야기
③ 이차돈의 희생과 불교 공인

4 이 웹툰의 장면 ❹ 뒤에 이어질 장면으로 알맞은 것은 무엇인가요? ( )

①

△ 법흥왕이 불교를 공인하고 절을 세우는 장면

②

△ 법흥왕이 귀족들의 반대로 불교 공인에 실패하는 장면

백제의 부흥을 꿈꾼 왕은 누구일까요?

성왕

- ? ~ 554년
- 백제의 제26대 왕
- 백제의 부흥을 위해 노력했으나 관산성에서 죽음을 맞음.

1 문단 백제는 고구려 장수왕의 공격으로 도읍인 한성을 빼앗겨 할 수 없이 도읍을 웅진(공주)으로 옮겼어요. 이후에도 백제의 힘은 예전 같지 않았지요. 무령왕 때가 되어서야 나라의 힘이 점차 회복되었어요. 무령왕의 뒤를 이은 성왕은 백제를 **부흥시키기** 위해 노력했어요. 당시 백제의 도읍이었던 웅진은 주변이 산으로 둘러싸여 있어, 땅이 좁고 교통이 불편했기 때문에 도읍의 역할을 다하기에는 적합하지 않았어요. 그래서 성왕은 도읍을 웅진에서 사비(부여)로 옮겼어요. 사비는 넓은 평야가 있고, 큰 강이 흘러 교통도 편리한 곳이었거든요. 이후 나라의 이름을 '남쪽의 부여'라는 뜻의 '남부여'로 바꾸고, 나라를 다스리는 여러 제도를 정비했어요. 또 노리사치계를 왜에 보내 불교를 **전파하기도** 했답니다.

2 문단 이후 나라가 안정을 찾고 강해지자, 성왕은 신라 진흥왕과 함께 고구려를 공격해 한강 유역을 되찾았어요. **동맹**을 맺고 있었던 백제와 신라는 한강 유역을 나누어 가졌지요. 그러나 두 나라의 동맹은 얼마 가지 못했어요. 진흥왕이 백제를 배신하고 백제가 차지한 한강 유역을 빼앗았거든요. 성왕은 신하들의 반대에도 **불구하고** 신라에 빼앗긴 땅을 되찾고자 군사를 일으켰어요. 성왕은 관산성에서 신라군의 기습 공격을 받아 목숨을 잃었어요. 성왕의 죽음과 관산성 전투의 패배로 백제는 또다시 힘을 잃고 말았답니다.

도읍을 2번 옮긴 백제

백제는 고구려의 공격으로 한성이 무너지자, 도읍을 웅진(공주)으로 옮겼어요. 이후 성왕 때 도읍을 사비(부여)로 한 번 더 옮겼지요.

- 부흥하다 기세가 약해졌던 것이 다시 활발하게 일어나는 것을 말해요.
- 전파하다 문화나 종교, 문물을 다른 지역에 전해 널리 퍼져 나가게 하는 것을 말해요.
- 동맹 서로의 이익을 위해 함께 행동하기로 맹세한 약속을 말해요.
- 불구하다 상관하지 않음을 뜻해요.

오늘의 날짜 월 일

1 중심 낱말

이 글의 중심 낱말로 알맞은 것은 무엇인가요? ( )

① 성왕 ② 무령왕 ③ 진흥왕

2 중심 내용

1 문단 , 2 문단 의 중심 내용을 알맞게 줄로 이으세요.

1 문단 •		• 성왕은 도읍을 사비로 옮기는 등 백제를 부흥시키기 위해 노력했어요.
2 문단 •		• 성왕은 관산성에서 신라군의 공격을 받아 목숨을 잃었어요.

3 세부 내용

이 글의 내용으로 알맞지 않은 것은 무엇인가요? ( )

① 성왕은 왜에 불교를 전파했어요.
② 성왕은 나라의 이름을 남부여로 바꾸었어요.
③ 백제는 한강 유역을 고구려에 다시 빼앗겼어요.

4 내용 추론

성왕이 도읍을 사비로 옮긴 까닭으로 알맞은 것은 무엇인가요? ( )

① 자신의 고향이 사비이기 때문에
② 진흥왕이 도읍을 옮기라고 시켰기 때문에
③ 웅진은 땅이 좁고 교통이 불편했기 때문에

오늘의 한 문장 정리

백제의 부흥을 위해 노력했던 ____________ 은 결국 관산성에서 죽음을 맞았어요.

지문분석 동영상강의

4일차 블로그

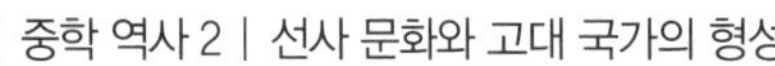
중학 역사 2 | 선사 문화와 고대 국가의 형성

성왕의 뜻을 이은 위덕왕

위덕왕의 블로그 ×

https://blog.baekje.com/Wedeokwang

내 블로그 | 이웃 블로그 | 블로그 홈 | 로그인

위덕왕

신라보다 강한 나라를 만들고 싶은 백제의 제27대 왕이에요.

목록

- **전체 보기(19)**
- 성왕 때의 일(12) N
  - 한강 되찾기 프로젝트(7)
  - 백제의 위기(5)
- 나의 관심거리(7)
  - 신라에 복수하기(4)
  - 중국과 친해지기(1)
  - 능산리에 절 짓기(2)

활동 정보

블로그 이웃 12명

글 보내기 5회

내가 가장 존경하는 성왕을 그리며….

위덕왕 5○○년 ○○월 ○○일 09:12 URL 복사

제 이름은 부여창입니다. 성왕이 돌아가신 후 왕의 자리를 물려받은 백제의 위덕왕이지요. 저는 지금도 아버지께서 돌아가셨다는 소식을 들은 날을 잊지 못해요. 그 소식을 듣고 저는 모든 것을 포기하고 승려가 되려고 했어요. 그때 신하들이 저를 말리지 않았다면 지금쯤 어느 절의 승려가 되었겠지요.

오늘은 그동안 제가 한 일을 돌아보려고 해요. 제가 여태껏 한 일 중 가장 잘했다고 생각하는 일은 부여 능산리에 아버지를 **기리기** 위한 절을 지은 것이에요. 두 번째로 잘한 일은 아버지 성왕처럼 왜에 불교를 전해 준 것이에요. 우리 백제는 왜에 많은 것을 전해 주었지요. 제 아들인 아좌 태자는 왜에 가서 **쇼토쿠 태자**를 가르치고, 그의 초상화까지 그려 주었다더군요.

다음 글에서는 아버지와 제가 한강 유역을 되찾을 때 있었던 일과 우리 백제가 고구려, 신라, 중국과 어떤 관계를 **유지했는지** 이야기해 줄게요. 자, 그럼 다음에 봐요.

부여 능산리 절터

- **기리다** 뛰어난 업적이나 본받을 만한 정신, 위대한 사람 등을 기억하는 것을 말해요.
- **쇼토쿠 태자** 옛 일본의 왕자이자 정치가로, 오늘날 일본인이 가장 존경하는 인물 중 한 사람이에요.
- **유지하다** 어떤 상태나 상황을 변함없이 계속되게 함을 뜻해요. '지속하다'와 비슷한 말이에요.

● 바른답과 도움말 06쪽

오늘의 날짜 월 일

1 이 블로그에 등장하는 성왕과 위덕왕은 어떤 관계인가요? ( )

① 삼촌과 조카 ② 아버지와 아들 ③ 할아버지와 손자

2 이 블로그의 내용으로 맞으면 ○표, 틀리면 ×표 하세요.

(1) 위덕왕의 이름은 부여창이에요. ( )

(2) 위덕왕은 성왕을 기리기 위한 절을 만들었어요. ( )

(3) 위덕왕은 왕의 자리에서 물러난 후 승려가 되었어요. ( )

3 다음 빈칸에 들어갈 알맞은 낱말을 이 블로그에서 찾아 쓰세요.

> ________ 은/는 위덕왕의 아들로 왜에 가서 쇼토쿠 태자를 가르치고 그의 초상화를 그려 주었어요.

4 이 블로그의 다음 게시글에 등장할 이야기로 알맞은 것은 무엇인가요? ( )

①

▲ 성왕과 위덕왕이 한강 유역을 되찾는 이야기

②

▲ 성왕이 왜에 불교를 전해 주는 이야기

초등 사회 5-2 | 나라의 등장과 발전

신라의 전성기를 이끈 왕은 누구일까요?

진흥왕

- 534 ~ 576년
- 신라의 제24대 왕
- 한강 유역을 모두 차지하고, 가야를 정복함.

1 문단 "우리 신라가 한강을 모두 차지한다면 중국과 직접 교류할 수 있어." 진흥왕은 백제의 성왕과 힘을 합해 고구려를 내쫓고 한강 유역을 차지했어요. 두 나라는 사이좋게 한강 유역을 나누어 가졌지요. 그러나 얼마 후 진흥왕은 백제와의 동맹을 깨고 백제의 땅을 빼앗아 한강 유역을 모두 차지했어요. 그 땅을 차지하면 백제가 고구려와 손잡는 것을 막고, 바다 건너 중국과 쉽게 교류할 수 있었거든요.

2 문단 진흥왕은 여기서 멈추지 않고 계속 영토를 넓혀 갔어요. 남쪽의 가야 연맹을 무너뜨리고 낙동강 유역을 차지했지요. 그리고 고구려를 공격해 북쪽의 함흥평야 지역까지 정복했어요. 진흥왕은 영토를 넓힌 것을 기념하기 위해 정복한 지역에 비석을 세웠어요. 그중 북한산에 세운 비석을 포함한 4개의 비석을 **진흥왕 순수비**라고 부르지요.

▲ 신라의 전성기 때 영토와 순수비

3 문단 한편 진흥왕은 신라의 제도와 문화도 정비했어요. 청소년 단체였던 **화랑도**를 국가 조직으로 만들어 인재를 길렀고, 황룡사라는 절을 지어 불교를 발전시키려고 했어요. 또한 신라의 역사를 담은 『국사』라는 역사책을 **편찬하고**, 가야 출신의 뛰어난 **가야금** 연주자였던 우륵에게 신라의 음악을 발전시키라고 명령했지요. 이러한 진흥왕의 노력으로 신라는 전성기를 맞이했답니다.

서울 북한산 신라 진흥왕 순수비

왕이 나라 안을 직접 돌아보는 일을 '순수'라고 해요. 이 비석은 진흥왕이 새로 넓힌 한강 유역을 돌아보고 북한산에 세운 것이에요.

- **진흥왕 순수비** 진흥왕이 북한산, 창녕, 마운령, 황초령에 세운 비석이에요.
- **화랑도** 화랑과 낭도로 구성된 청소년 단체로, 신라가 삼국을 통일하는 데 큰 역할을 했어요.
- **편찬하다** 여러 가지 자료를 모아 책을 만드는 것을 말해요. '펴내다'와 비슷한 말이에요.
- **가야금** 무릎 위에 길게 뉘어 놓고 손가락으로 줄을 튕겨 연주하는 우리나라의 현악기예요.

오늘의 날짜 월 일

1 중심 낱말

이 글의 중심 낱말로 알맞은 것은 무엇인가요? ( )

① 성왕 ② 우륵 ③ 진흥왕

2 중심 내용

1 문단, 2 문단, 3 문단의 중심 내용을 알맞게 줄로 이으세요.

1 문단 •		• 진흥왕은 신라의 제도와 문화를 정비했어요.
2 문단 •		• 진흥왕은 정복한 지역에 비석을 세웠어요.
3 문단 •		• 진흥왕은 한강 유역을 모두 차지했어요.

3 어휘 표현

다음 ( ) 안에 들어갈 알맞은 낱말을 골라 ○표 하세요.

진흥왕은 영토를 넓힌 것을 기념하기 위해 북한산을 포함한 4곳에 진흥왕 (**순수비** , **적성비**)를 세웠어요.

4 내용 요약

이 글의 내용을 요약했어요. ( ) 안에 들어갈 알맞은 낱말을 골라 ○표 하세요.

영토 확장		제도 · 문화 정비
• 한강 유역을 모두 차지함. • 진흥왕 순수비를 세움.	신라 ( )	• 화랑도를 국가 조직으로 만듦. • 역사책 『국사』를 편찬함.

지증왕 진흥왕

오늘의 **한** 문장 정리

진흥왕은 __________ 유역을 모두 차지하면서 신라의 전성기를 이끌었어요.

지문분석 동영상강의

초등 사회 5-2 | 나라의 등장과 발전

5일차 광고

신라의 인재 집합소

나라를 위해 일할 인재를 찾습니다!

옛날에 있던 원화 제도를 고쳐서 화랑과 낭도로 구성된 청소년 단체인 화랑도를 만들고자 합니다. 관심 있는 분들의 많은 지원 바랍니다.

대상 신라에 살고 있는 15~18세의 아름다운 남자들 중 다음 자격을 갖춘 사람

자격 **화랑 진골** 신분으로 낭도를 이끌 수 있는 지도력을 가진 사람(평민은 안 됨)
낭도 충성심이 강한 사람(신분의 제한은 없음)

교육 내용 말타기, 활쏘기, 무예를 익힘.
유교 경전을 읽고 전국을 두루 다니면서 몸과 마음을 닦음.

규칙 화랑은 승려 원광이 만든 **세속 5계**를 지켜야 함.

사군이충	사친이효	교우이신	임전무퇴	살생유택
			(가)	
임금을 충성으로 섬긴다.	부모에게 효도를 다한다.	친구를 사귈 때는 믿음을 가진다.	싸움에 나가서는 물러서지 않는다.	생명을 함부로 죽이지 않는다.

문의 진흥왕 화랑도 사업부 054-○○○-○○○○

- 원화 화랑도가 만들어지기 전에 있었던 청소년 단체로, 2명의 여성이 무리를 이끌었어요.
- 진골 신라 골품제에서 왕족인 성골을 제외하고 높은 지위를 차지했던 귀족이에요.
- 세속 5계 화랑이 배우고 지켜야 할 5가지 규칙으로, 승려 원광이 만들었어요.

오늘의 날짜 월 일

1 이 광고에서 뽑고 있는 사람으로 알맞지 않은 사람은 누구인가요? ( )

① 낭도 ② 승려 ③ 화랑

2 이 광고의 내용으로 맞으면 ○표, 틀리면 ×표 하세요.

(1) 화랑도는 화랑과 낭도로 이루어졌어요. ( )
(2) 평민도 화랑이 되어 낭도를 이끌 수 있었어요. ( )
(3) 화랑은 원광이 만든 세속 5계를 지켜야 했어요. ( )

3 화랑이 지켜야 할 규칙과 그 내용을 알맞게 줄로 이으세요.

교우이신	•	•	임금을 충성으로 섬긴다.
사군이충	•	•	친구를 사귈 때는 믿음을 가진다.
살생유택	•	•	생명을 함부로 죽이지 않는다.

4 이 광고의 (가)에 들어갈 그림으로 알맞은 것은 무엇인가요? ( )

①

②

어휘 정리

1~5일 지문에서 나온 중요 어휘를 정리해 보세요.

1 **밑줄 친 낱말의 뜻을 알맞게 줄로 이으세요.**

성왕은 왜에 불교를 전파했어요.	• •	망하여 없어지다.
이사부는 가야를 멸망시키는 일에 힘썼어요.	• •	용감하고 사납다.
성왕은 백제를 부흥시키기 위해 노력했어요.	• •	서로 높고 낮음이나 낫고 못함이 없이 비슷하다.
고구려인은 세상의 중심이 자신들이라는 자부심을 가졌어요.	• •	기세가 약해졌던 것이 다시 활발하게 일어나다.
이사부는 용맹하다고 소문난 우산국 사람들을 항복시켰어요.	• •	자기와 관련되어 있는 것에 대해 스스로 당당히 여기는 마음
광개토 대왕은 고구려가 중국과 대등한 나라라는 자신감을 나타냈어요.	• •	문화나 종교, 문물을 다른 지역에 전해 널리 퍼져 나가게 하다.

오늘의 날짜 월 일

2주

2 밑줄 친 낱말과 뜻이 비슷한 낱말을 〈보기〉에서 찾아 빈칸에 쓰세요.

〈보기〉

업적 모시다 펴내다 유지하다 준비하다

(1) 진흥왕 때 국사라는 역사책이 편찬되었어요. ______

여러 가지 자료를 모아 책을 만들다.

(2) 이사부는 3명의 왕을 섬긴 신라의 장군이에요. ______

신이나 윗사람을 잘 받들다.

(3) 지증왕은 신라가 발전할 수 있는 기반을 마련했어요. ______

어떤 일을 하기 위해 헤아려서 갖추다.

(4) 백제는 중국과 좋은 관계를 지속하기 위해 노력했어요. ______

어떤 상태가 오래 계속되다.

(5) 광개토 대왕릉비에는 광개토 대왕의 공로가 새겨져 있어요. ______

목적을 이루는 데 들인 노력 또는 그 결과

3 다음 문장의 밑줄 친 낱말을 바르게 고쳐 빈칸에 쓰세요.

(1) 장수왕은 중국과의 왜교에 힘을 쏟았어요. ______

(2) 화랑도 중 낭도는 신분의 재한이 없었어요. ______

(3) 진흥왕은 영토를 넓힌 것을 귀념해 순수비를 세웠어요. ______

(4) 신라와 백제는 고구려에 맞서기 위해 동멩을 맺었어요. ______

(5) 귀족들은 몰레 절을 짓는 이차돈에게 벌을 내리라고 했어요. ______

도망치는 길 찾기

토끼가 호랑이를 피해서 도망치고 있어요. 출발부터 도착까지 알맞은 길을 따라 선을 그어요.

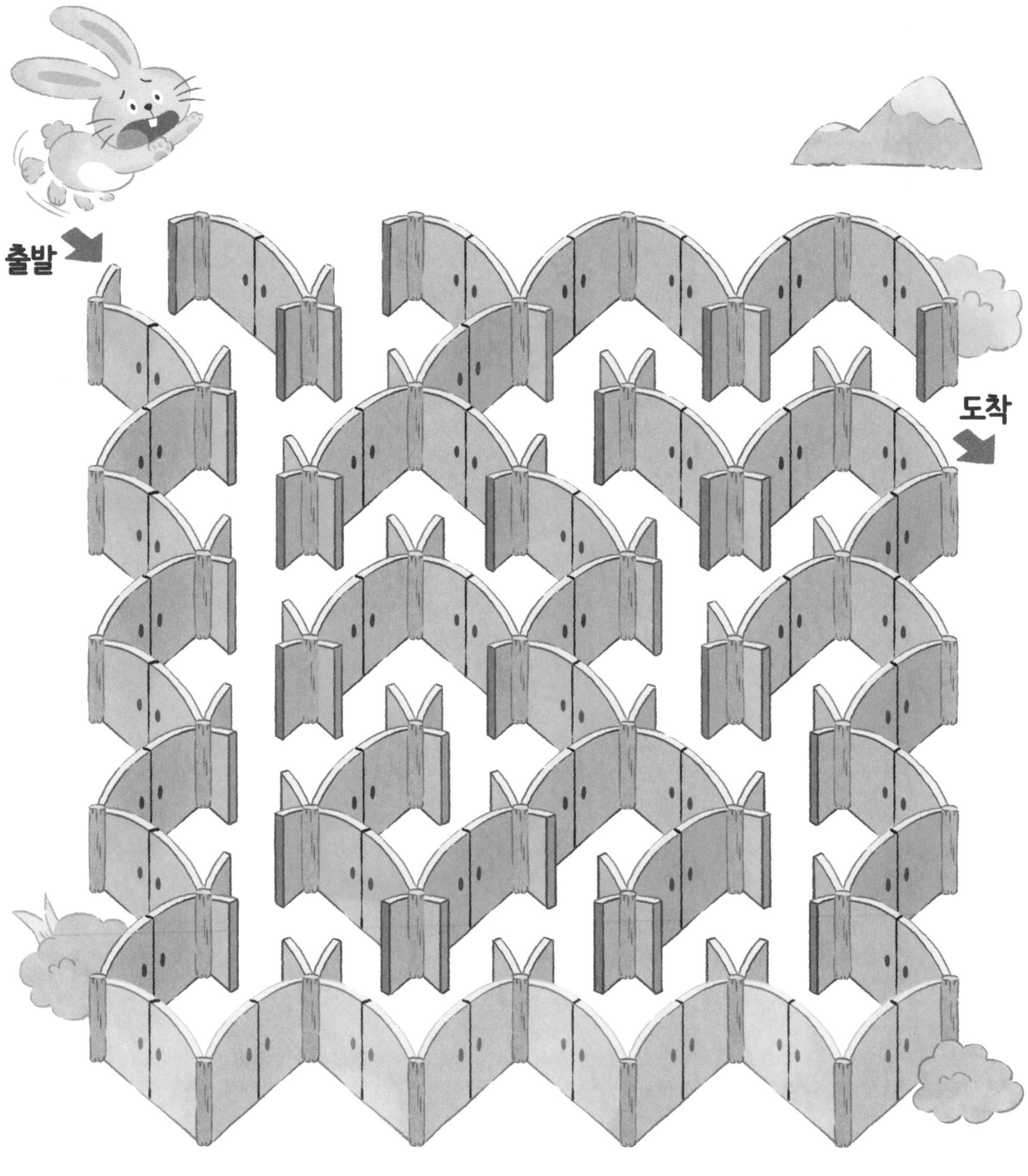

출발

도착

기운이 샘솟는 체조

다음 동작을 순서대로 하나씩 천천히 따라해 보아요.

앞을 바라보고
똑바로 서요.

2

두 손을 머리 위로 올려서
로켓 모양을 만들어요.

3

오른쪽으로 몸을 구부려 5초 동안 가만히 있어요.
왼쪽도 똑같이 해요.

612년

을지문덕이 살수 대첩으로 수나라군을 물리쳤어요.

645년

선덕 여왕이 황룡사 9층 목탑을 완성했어요.

648년

김춘추의 활약으로 신라가 당나라와 동맹을 맺었어요.

642년

연개소문이 왕을 없애고 최고 관리가 되었어요.

연표를 따라가며 3주차에 만날 인물의 이름과 살았던 때, 활동을 살펴보세요.

660년

계백이 황산벌 전투에서 패하고, 백제가 멸망했어요.

676년

문무왕이 삼국 통일을 완성했어요.

668년

고구려가 멸망했어요.

682년

신문왕이 감은사를 만들었어요.

수나라의 침략을 물리친 고구려의 장군은 누구일까요?

을지문덕
- ?~?년
- 고구려의 장군, 관리
- 고구려군을 이끌고 엄청난 수의 수나라군을 물리침.

1 문단 중국은 수백 년 동안 여러 나라로 나뉘어 있었는데, 이를 **통일한** 나라가 바로 수나라예요. 수나라의 황제인 양제는 113만 명의 군사를 이끌고 고구려를 **침략했어요**. 고구려의 군사들과 백성들은 요동성에서 있는 힘을 다해 수나라의 군대를 막아 냈어요. 초조해진 수나라의 양제는 우중문이라는 장군에게 따로 30만 명의 군사를 주어 고구려의 도읍인 평양성을 공격하라고 명령했지요. 고구려의 장군 을지문덕은 이 소식을 듣고 수나라군의 사정이 어떤지 살펴보려고 수나라에 거짓으로 항복했어요. 그리고 을지문덕은 그들의 식량이 **넉넉하지** 않다는 사실을 알아내고 돌아왔답니다.

2 문단 수나라군은 평양성 근처에 도착할 때까지 계속해서 고구려군을 이겼어요. 하지만 이것은 모두 수나라군을 한번에 물리치기 위한 을지문덕의 작전이었어요. 을지문덕은 수나라군과 싸울 때마다 패하는 척 도망치면서, 그들이 올 곳의 식량을 모두 없앴어요. 수나라군은 물과 식량을 구하기 어려워졌고, 점점 더 지쳐 갔지요. 이때 을지문덕은 우중문에게 여기서 만족하고 그만 돌아가라며 그의 어리석음을 비웃는 시를 지어 보냈어요. 그제서야 우중문은 군사들이 이미 지쳐 버려 더 이상 싸울 수 없음을 깨닫고 군대를 **후퇴시켰어요**. 을지문덕이 이끈 고구려군은 이 틈을 놓치지 않고 수나라군이 살수(청천강)를 건널 때 공격을 퍼부어 큰 승리를 거두었어요. 이 싸움이 바로 '살수 대첩(612)'이에요.

수나라의 고구려 침략

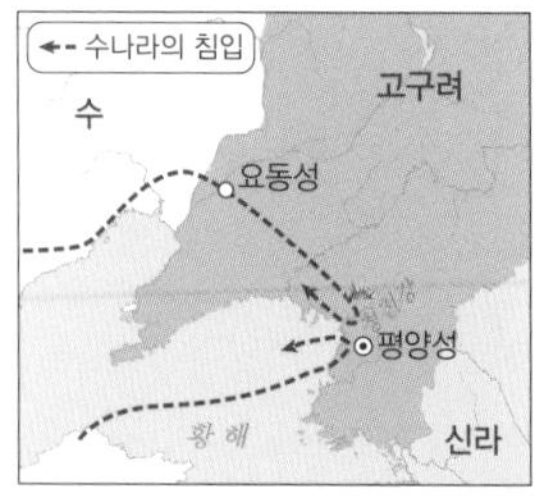

수나라는 고구려를 여러 차례 침략했지만 모두 실패했어요. 고구려를 침략하는 데 무리하게 힘을 쏟던 수나라는 나라의 힘이 약해져 멸망했어요.

- **통일하다** 나누어진 것들을 합쳐서 하나가 되게 하는 것을 뜻해요.
- **침략하다** 정당한 이유 없이 남의 나라에 쳐들어가는 것을 말해요.
- **넉넉하다** 크기나 수 등이 부족하지 않고 충분한 상황을 뜻해요.
- **후퇴하다** 뒤로 물러나는 것을 뜻해요. '퇴각하다'와 비슷한 말이에요.

● 바른답과 도움말 08쪽

오늘의 날짜 월 일

1 중심 낱말

이 글의 중심 낱말로 알맞은 것은 무엇인가요? ( )

① 우중문 ② 을지문덕 ③ 수나라의 양제

2 중심 내용

1 문단, 2 문단 의 중심 내용을 알맞게 줄로 이으세요.

1 문단 •		• 을지문덕은 고구려를 침략한 수나라에 거짓으로 항복했어요.
2 문단 •		• 고구려군은 살수에서 수나라군을 공격해 큰 승리를 거두었어요.

3 내용 추론

다음 질문에 대한 대답으로 알맞은 것은 무엇인가요? ( )

을지문덕이 수나라에 거짓으로 항복한 까닭은 무엇인가요?

① 수나라군에 식량을 주려고
② 수나라군의 사정을 살펴보려고
③ 수나라군에 고구려의 작전을 알려 주려고

4 세부 내용

이 글의 내용으로 맞으면 ○표, 틀리면 ×표 하세요.

(1) 수나라의 양제가 고구려를 침략했어요. ( )
(2) 우중문은 을지문덕에게 시를 지어 보냈어요. ( )
(3) 우중문은 지친 군사로 싸울 수 없음을 깨닫고 후퇴했어요. ( )

오늘의 한 문장 정리

을지문덕은 ____________ 에서 수나라군을 물리쳤어요.

지문분석 동영상강의

1일차

신문기사

초등 사회 5-2 | 나라의 등장과 발전

한반도의 방패가 되어 준 나라

에듀윌뉴스 × +

https://eduwillnews.com/Salsudaecheop

뉴스홈 | 다시보기 | 커뮤니티 | e 에듀윌뉴스

속보 | 정치 | 경제 | 사회 | 국제 | 문화 | 연예 | 날씨 | 스포츠

고구려, 한반도를 쳐들어온 수나라를 물리치다

입력 20○○년 ○○월 ○○일 16:13

△ 시를 주고받는 을지문덕과 우중문 △ 살수에서 수나라군을 물리치는 고구려군

고구려의 영웅 을지문덕이 수나라의 30만 군사를 물리쳤다. 얼마 전 수나라의 황제 양제는 113만 명의 대군을 이끌고 우리 고구려를 침략했다. 양제는 요동성을 **함락시키지** 못하자 우중문에게 따로 군사를 주고 평양성을 공격하라고 했다. 이때 을지문덕은 특별한 작전을 펼쳐 평양성으로 향하는 수나라군을 막아 냈다. 먼저 을지문덕 장군은 수나라에 거짓으로 항복해 그들의 식량이 얼마 남지 않았음을 알아냈다. 그리고 수나라의 장군 우중문에게 "그대의 신기한 전략은 하늘과 땅의 뜻을 안 것이네. 전쟁에서 이겨 공이 높으니 만족하고 이만 돌아가는 것이 어떻겠나."라는 내용의 시를 지어 보냈다. 이후 우중문이 후퇴하기로 하자, 을지문덕은 이 틈을 타 살수를 건너는 수나라군을 공격해 크게 승리했다. 이 전투가 바로 살수 대첩이다. 을지문덕이 수나라군에 큰 승리를 거둔 또 다른 **비결**은 바로 청야 작전이다. '청야'란 '들판을 비운다'는 뜻이다. 즉 적군이 올 곳의 식량을 모두 없애 버리는 작전이다. 을지문덕은 수나라군을 **유인할** 때 이 작전을 펼쳤다. 이 작전으로 수나라군은 (가)

- 함락하다 적의 성, 군사 시설 등을 공격해 무너뜨리는 것을 말해요.
- 비결 세상에 알려지지 않은 자기만의 뛰어난 방법을 말해요.
- 유인하다 관심이나 흥미를 일으켜 꾀어내는 것을 말해요.

오늘의 날짜 월 일

1 이 신문기사에 나오는 낱말을 모두 찾아 ○표 하세요.

을지문덕	살수 대첩	삼국 통일	선덕 여왕

2 이 신문기사의 내용으로 알맞지 않은 것은 무엇인가요? ( )

① 수나라의 양제는 고구려를 멸망시켰어요.
② 을지문덕은 살수에서 수나라군을 물리쳤어요.
③ 을지문덕은 수나라 장군 우중문에게 시를 지어 보냈어요.

3 다음 내용의 뜻을 가진 낱말을 이 신문기사에서 찾아 쓰세요.

> 을지문덕이 수나라군이 올 곳의 식량을 모두 없애 버린 작전으로 '들판을 비운다'는 뜻을 가졌어요.

4 이 신문기사의 (가)에 들어갈 내용으로 알맞은 것은 무엇인가요? ( )

① 요동성을 차지했다.
② 힘을 내어 고구려군을 물리쳤다.
③ 식량을 구하지 못해 점점 지쳐 갔다.

지문분석 동영상강의

2일차 글

초등 사회 5-2 | 나라의 등장과 발전

처음으로 왕이 된 여성은 누구일까요?

선덕 여왕

- ? ~ 647년
- 신라의 제27대 왕
- 첨성대와 황룡사 9층 목탑을 만들었고, 삼국 통일의 기초를 세움.

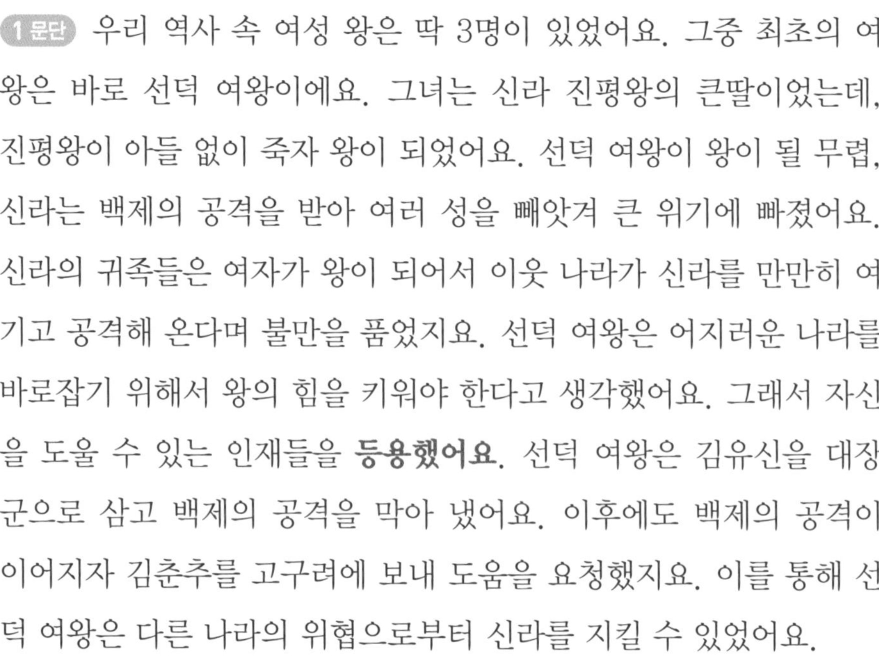

1 문단 우리 역사 속 여성 왕은 딱 3명이 있었어요. 그중 최초의 여왕은 바로 선덕 여왕이에요. 그녀는 신라 진평왕의 큰딸이었는데, 진평왕이 아들 없이 죽자 왕이 되었어요. 선덕 여왕이 왕이 될 무렵, 신라는 백제의 공격을 받아 여러 성을 빼앗겨 큰 위기에 빠졌어요. 신라의 귀족들은 여자가 왕이 되어서 이웃 나라가 신라를 만만히 여기고 공격해 온다며 불만을 품었지요. 선덕 여왕은 어지러운 나라를 바로잡기 위해서 왕의 힘을 키워야 한다고 생각했어요. 그래서 자신을 도울 수 있는 인재들을 **등용했어요**. 선덕 여왕은 김유신을 대장군으로 삼고 백제의 공격을 막아 냈어요. 이후에도 백제의 공격이 이어지자 김춘추를 고구려에 보내 도움을 요청했지요. 이를 통해 선덕 여왕은 다른 나라의 위협으로부터 신라를 지킬 수 있었어요.

2 문단 선덕 여왕은 신라를 백성들이 잘사는 나라로 만들고 싶어 했어요. 그래서 전국에 관리를 보내 백성들을 보살피고 세금을 **면제해** 주었어요. 또 하늘의 움직임을 살피는 첨성대를 만들어 백성들이 농사를 잘 지을 수 있게 했지요. 그리고 선덕 여왕은 백성들의 마음을 하나로 모으기 위해 불교를 적극적으로 활용했답니다. 나라를 잘 다스리겠다는 의지를 담은 분황사라는 절을 짓고 분황사 모전 석탑을 만들었어요. 또 불교의 힘으로 나라를 지키려는 **소망**을 담아 황룡사에 거대한 9층 목탑을 세우기도 했지요. 이렇듯 선덕 여왕은 나라를 안정시켜 이후 신라가 삼국을 통일하는 데 기초를 세운 왕이랍니다.

경주 첨성대

경주 분황사 모전 석탑

돌을 벽돌 모양으로 다듬어 쌓은(모전) 석탑이에요. 현재 남아 있는 신라 탑 중 가장 오래된 탑이지요.

- **등용하다** 뛰어난 인물을 뽑아서 쓰는 것을 말해요. '선발하다'와 비슷한 말이에요.
- **면제하다** 의무나 책임을 다하지 않도록 해 주는 것을 말해요.
- **소망** 어떤 것을 간절히 바라는 마음이에요. '기대'와 비슷한 말이에요.

오늘의 날짜 월 일

1 중심 낱말

이 글의 중심 낱말로 알맞은 것은 무엇인가요? ( )

① 김춘추 ② 진평왕 ③ 선덕 여왕

2 중심 내용

1 문단 , 2 문단 의 중심 내용을 알맞게 줄로 이으세요.

1 문단	• •	선덕 여왕은 인재들을 등용해 다른 나라의 위협으로부터 신라를 지켰어요.
2 문단	• •	선덕 여왕은 신라를 백성들이 잘사는 나라로 만들고 싶어 했어요.

3 세부 내용

이 글의 내용으로 알맞은 것은 무엇인가요? ( )

① 선덕 여왕은 하늘을 살피는 첨성대를 만들었어요.
② 진평왕에게 아들이 있었지만 선덕 여왕이 왕이 되었어요.
③ 선덕 여왕은 김유신을 고구려에 보내 도움을 요청했어요.

4 어휘 표현

다음 ( ) 안에 들어갈 알맞은 낱말을 골라 ○표 하세요.

선덕 여왕은 백성들의 힘을 하나로 모으기 위해 (**불교** , **유교**)를 적극적으로 활용했어요.

우리 역사 속 최초의 여왕은 신라의 ______________ 이에요.

지문분석 동영상강의

2일차 온라인 대화

나라를 구한 왕의 지혜

1

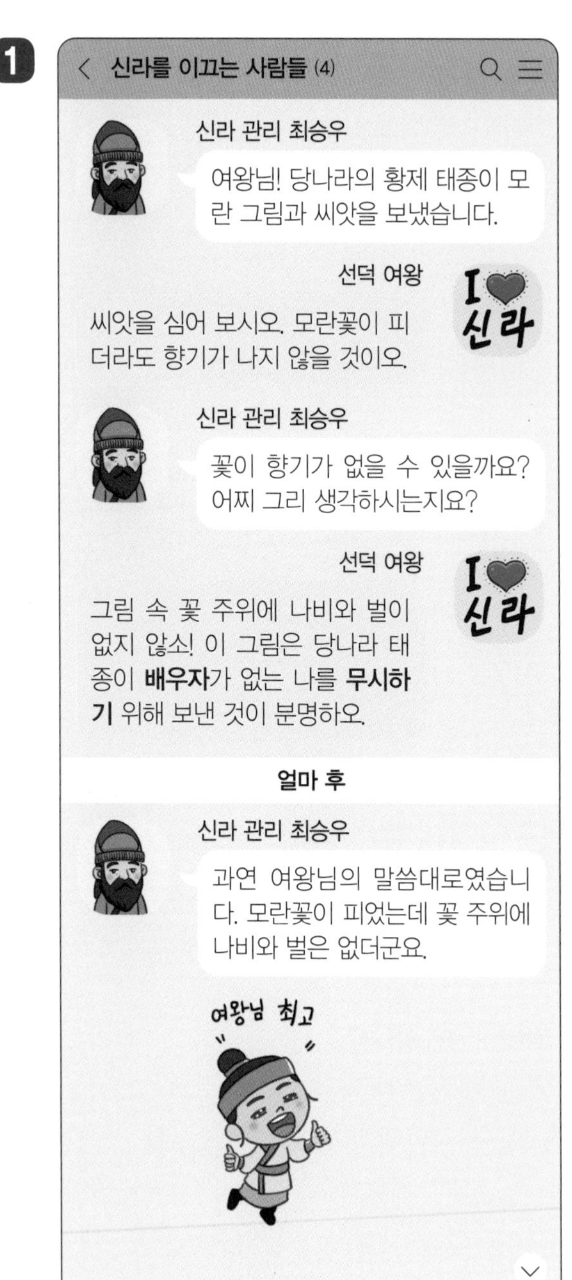

2

- **배우자** 결혼한 상대방을 뜻하는 말로, 성별에 따라 남편, 아내로 나뉘어요.
- **무시하다** 다른 사람을 깔보는 것을 말해요. '존중하다'와 반대되는 뜻을 가졌어요.
- **불길하다** 어떤 일이 나쁘게 흘러갈 것 같음을 의미해요.

오늘의 날짜 월 일

1 이 대화에 참여한 인물을 모두 찾아 ○표 하세요.

김춘추	선덕 여왕	신라 장군 이무영

2 이 대화의 내용으로 맞으면 ○표, 틀리면 ×표 하세요.

(1) 선덕 여왕은 여근곡이라는 골짜기로 군사를 보냈어요. ( )

(2) 선덕 여왕은 당나라 황제에게 모란 그림과 씨앗을 보냈어요. ( )

3 이 대화를 통해 알 수 있는 선덕 여왕의 지혜로운 모습은 무엇인가요? ( )

① 물고기 떼를 보고 백제의 침략을 예상했어요.

② 토끼와 거북이 이야기를 떠올려 고구려를 탈출했어요.

③ 꽃 그림에 나비와 벌이 없는 것을 보고 향기가 없음을 예상했어요.

4 이 대화를 바탕으로 만화를 그릴 때 활용할 수 있는 자료로 알맞지 않은 것은 무엇인가요? ( )

①

△ 개구리

②

△ 모란꽃

③

△ 호랑이

지문분석 동영상강의

3일차 글

위기에 빠진 신라를 구한 인물은 누구일까요?

김춘추(태종 무열왕)

- 603 ~ 661년
- 신라의 제29대 왕
- 당나라와 동맹을 맺어 백제를 멸망시킴.

1 문단 "아! 내 딸 고타소야. 나는 백제와 같은 하늘 아래에서는 살지 않을 것이다!" 신라가 백제의 땅을 빼앗아 한강을 모두 차지하자, 백제는 빼앗긴 땅을 되찾기 위해 신라를 끊임없이 공격했어요. 신라는 백제의 공격을 받아 수십 개의 성을 백제에 빼앗겼지요. 그리고 신라의 도읍인 금성(경주)의 입구를 지켜 주던 대야성마저 백제에 **점령당했어요**. 김춘추의 딸인 고타소도 이때 목숨을 잃었어요. 신라의 상황은 바람 앞의 등불처럼 매우 위태로웠답니다.

2 문단 김춘추는 고구려와 손잡으면 신라의 위기를 극복할 수 있을 것이라고 생각했어요. 그래서 고구려에 **사신**으로 가 도움을 **요청했어요**. 하지만 신라와 경쟁하던 고구려는 김춘추의 요청을 들어줄 생각이 없었지요. 심지어 사신으로 온 김춘추를 감옥에 가두어 버리기까지 했어요. 시간이 흘러, 김춘추는 중국 당나라로 건너가 당나라의 황제 태종에게 동맹을 맺자고 했어요. 당나라의 태종은 김춘추의 솔깃한 제안을 받아들였어요. 이전에 고구려와의 싸움에서 크게 진 당나라도 신라의 도움이 필요했거든요. 이렇게 김춘추의 활약으로 신라는 당나라와 동맹(나당 동맹)을 맺었어요. 김춘추가 왕이 된 이후에는 두 나라의 연합군이 백제를 멸망시켰어요(660). 김춘추(태종 무열왕)가 삼국 통일의 발판을 마련한 것이지요.

△ 경주 태종 무열왕릉비

고구려를 탈출한 김춘추의 꾀
고구려에 도움을 요청하러 간 김춘추는 고구려의 요구를 들어주지 않아 감옥에 갔어요. 절망하던 김춘추에게 고구려의 관리 선도해가 찾아와 토끼와 거북이 이야기를 들려주었어요. 김춘추는 그 이야기의 뜻을 알아채 고구려의 요구를 들어주겠다는 거짓 약속을 하고 고구려를 탈출했어요.

- 점령하다 적의 땅에 들어가 그 지역을 차지하는 것을 뜻해요.
- 사신 왕의 명령을 받고 외국에 가는 신하를 말해요.
- 요청하다 필요한 일이나 행동을 해 달라고 하는 것을 말해요.

오늘의 날짜 월 일

1 중심 낱말

이 글의 중심 낱말로 알맞은 것은 무엇인가요? ( )

① 고타소 ② 김춘추 ③ 당나라의 태종

2 중심 내용

1 문단 , 2 문단 의 중심 내용을 알맞게 줄로 이으세요.

1 문단 •	• 김춘추의 활약으로 신라가 당나라와 동맹을 맺었어요.
2 문단 •	• 신라는 백제의 끊임없는 공격을 받아 큰 위기에 처했어요.

3 내용 추론

김춘추가 고구려에 간 까닭으로 알맞은 것은 무엇인가요? ( )

① 당나라를 공격하기 위해서

② 신라의 위기를 극복하기 위해서

③ 고타소의 부탁을 들어주기 위해서

4 어휘 표현

다음 ( ) 안에 들어갈 알맞은 낱말을 골라 ○표 하세요.

신라는 김춘추의 활약으로 당나라와 (**동맹** , **사신**)을 맺었어요.

신라의 ______________ 는 당나라와 동맹을 맺어 나라의 위기를 극복했어요.

초등 사회 5-2 | 나라의 등장과 발전

신라의 꾀돌이, 스스로 목숨을 구하다

상황 1 **사신으로 고구려에 온 김춘추가 고구려의 보장왕과 권력자 연개소문을 만난다.**

♩♪♬ 효과음: 긴장감이 감도는 음악♩♪♬

김춘추 (진지한 얼굴로) 신라가 백제를 물리칠 수 있도록 군사를 보내 도와주시옵소서.

연개소문 어허! 손을 내밀기 전에 신라가 빼앗아 간 한강 유역의 고구려 땅을 돌려주어야 하지 않겠소!

(장면 바뀌면서)

상황 2 **고구려의 요구를 받아들이지 않아 감옥에 갇힌 김춘추. 고구려의 관리 선도해가 들려준 토끼와 거북이 이야기를 떠올린다.**

♩♪♬ 효과음: 무겁고 조용한 음악♩♪♬

김춘추 (고민에 빠진 얼굴로) 도움을 얻기는커녕 내 목숨만 잃게 생겼구나! 토끼가 육지에 간을 빼놓고 왔다는 거짓말로 용궁을 빠져나갔단 말이지 …….

(장면 바뀌면서)

상황 3 **김춘추는 땅을 돌려주겠다는 거짓 약속을 하고 고구려를 탈출한다.**

김춘추 [(가)] 고구려와 동맹을 맺기는 틀렸으니 이제 당나라와 힘을 합쳐야겠군.

• 연개소문 이전 왕을 제거하고 보장왕을 왕으로 올려 최고 관리가 된 고구려의 장군이에요.
• 갇히다 어떤 장소에 넣어져 밖으로 나오지 못하게 됨을 뜻해요.

오늘의 날짜 월 일

1 **이 시나리오에 등장하지 <u>않는</u> 인물은 누구인가요?** ( )

① 김춘추 ② 연개소문 ③ 선덕 여왕

2 **이 시나리오의 내용으로 맞으면 ○표, 틀리면 ×표 하세요.**

(1) 연개소문은 신라를 돕기 위해 군사를 보냈어요. ( )
(2) 김춘추는 군사를 요청하기 위해 고구려에 갔어요. ( )
(3) 김춘추는 고구려에 거짓 약속을 하고 고구려를 탈출했어요. ( )

3 **다음 ( ) 안에 들어갈 알맞은 낱말을 골라 ○표 하세요.**

(**선도해** , **연개소문**)은/는 군사를 요청하러 온 김춘추에게 신라가 빼앗아 간 한강 유역의 고구려 땅을 돌려줄 것을 요구했어요.

4 **이 시나리오의 (가)에 들어갈 김춘추의 태도로 가장 알맞은 것은 무엇인가요?** ( )

① (분노를 삼키며)
② (엄청나게 화를 내며)
③ (행복한 표정을 지으며)

백제는 어떻게 멸망했을까요?

계백
- ? ~ 660년
- 백제의 장군
- 백제를 지키기 위해 황산벌 전투에 나섰지만 신라군에 패함.

1 문단 660년 신라와 당나라의 연합군이 백제에 쳐들어온다는 소식이 전해졌어요. 당시 백제의 왕이었던 의자왕은 장군인 계백에게 5천 명의 군사를 주고 황산벌에서 신라의 김유신이 이끄는 5만여 명의 신라군을 막으라고 했어요. 의자왕에게 명령을 받은 계백은 싸움터로 가기 전에 부인과 자식을 모두 죽였어요. 자신의 가족들이 신라의 노비가 되는 것보다 자기 손에 죽는 게 낫다고 생각했기 때문이지요. 드디어 계백이 이끄는 백제군과 김유신이 이끄는 신라군의 황산벌 전투가 시작되었어요. 계백은 적은 수의 군사로 5만여 명의 신라군을 이길 수 없다는 것을 미리 알고 있었어요. 그럼에도 군사들의 용기를 **북돋우고** 죽을 **각오**로 싸워 신라군의 공격을 막아 냈어요. 신라군을 이긴 백제군의 **사기**는 점점 하늘 높이 올라갔답니다.

김유신
- 595 ~ 673년
- 신라의 장군
- 황산벌 전투에서 승리해 삼국 통일에 큰 역할을 함.

2 문단 한편 신라의 김유신은 계속된 패전에 고민에 빠졌어요. 그러다 화랑 관창을 백제군이 있는 곳으로 보내 싸우게 했어요. 하지만 다시 돌아온 것은 목이 베인 관창의 시신이었지요. 관창을 포함한 어린 화랑들의 죽음은 신라군의 분노를 일으켰어요. 신라군은 불같이 일어나 백제군을 일제히 공격했고, 백제군은 결국 무너졌어요. 하루 동안 벌어졌던 황산벌 전투가 신라군의 승리로 끝난 것이지요. 황산벌 전투에서 이긴 신라군은 백제의 도읍인 사비로 몰려갔어요. 그리고 백제의 의자왕에게 항복을 받아 내어 백제를 멸망시켰답니다.

- 북돋우다 기운이나 정신을 더욱 높여 주는 것을 의미해요.
- 각오 앞으로 겪을 일에 대한 마음의 준비를 뜻해요. '다짐'과 비슷한 말이에요.
- 사기 의욕이나 자신감이 가득해 굽힐 줄 모르는 기세를 말해요.

오늘의 날짜 월 일

1 중심 낱말

이 글의 중심 낱말로 알맞은 것은 무엇인가요? ( )

① 관창 ② 의자왕 ③ 황산벌 전투

2 중심 내용

1 문단 , 2 문단 의 중심 내용을 알맞게 줄로 이으세요.

1 문단 •		• 화랑들의 죽음에 분노한 신라군이 황산벌 전투에서 승리했어요.
2 문단 •		• 계백의 백제군과 김유신의 신라군 사이에 황산벌 전투가 시작되었어요.

3  세부 내용

이 글의 내용으로 알맞지 <u>않은</u> 것은 무엇인가요? ( )

① 김유신은 관창을 보내 백제군과 싸우게 했어요.
② 계백은 황산벌 전투에 나가기 전 가족들을 죽였어요.
③ 계백은 황산벌 전투에서 백제군이 승리할 것이라고 생각했어요.

4 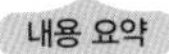 내용 요약

이 글의 내용을 요약했어요. ( ) 안에 들어갈 알맞은 낱말을 골라 ○표 하세요.

신라군의 진격

➡

황산벌 전투

➡

(백제 , 신라) 멸망

오늘의 한 문장 정리

계백이 이끈 백제군은 ____________ 전투에서 신라군에 패하였어요.

초등 사회 5-2 | 나라의 등장과 발전

전투를 승리로 이끈 신라 화랑의 용기

에듀윌TV × +
https://eduwillTV.com/Hwarang guanchang

드라마 정보

어린 나이에 그 어떤 장군보다 뛰어난 용기를 보인 관창의 이야기

화랑도에서 열심히 **수련하는** 신라의 화랑 관창. 뛰어난 무술 실력으로 이름을 날리며 성장한다.

당나라와 연합해 백제를 공격하기 시작한 신라. 관창은 아버지를 따라 김유신 부대의 군사가 되어 황산벌 전투에 **참전한다**.

백제군과의 싸움에 나섰지만 곧바로 붙잡혀 계백 앞에 끌려가게 된 관창. 관창의 용기를 높이 산 계백의 배려로 살아 돌아오게 된다.

관창은 다시 백제군이 있는 곳으로 향하지만 결국 죽음을 맞이한다. 관창의 죽음에 분노한 신라군은 황산벌 전투에서 승리한다.

- 수련하다 인격, 기술, 학문 등을 닦는 것을 말해요.
- 참전하다 전쟁에 참가하는 것을 말해요.

오늘의 날짜 월 일

1 이 드라마에 등장하지 않는 인물을 찾아 ○표 하세요.

계백	관창	김유신	이사부

2 이 드라마의 내용으로 맞으면 ○표, 틀리면 ×표 하세요.

(1) 관창은 뛰어난 무술 실력을 갖추었어요. ( )

(2) 백제와 당나라가 연합해 신라를 공격했어요. ( )

(3) 관창은 나이가 어려 황산벌 전투에 참전하지 못했어요. ( )

3 다음 빈칸에 들어갈 알맞은 낱말을 이 드라마에서 찾아 쓰세요.

4 이 드라마에서 벌어지는 전투에 대해 알맞게 말한 어린이는 누구인가요? ( )

①

②

지문분석 동영상강의

5일차 글

삼국 통일을 이룬 왕은 누구일까요?

문무왕

- ? ~ 681년
- 신라의 제30대 왕
- 고구려를 멸망시키고, 당나라를 한반도에서 몰아냄.

1 문단 신라는 당나라와 동맹을 맺고 태종 무열왕 때 백제를, 문무왕 때인 668년에 고구려를 멸망시켰어요. 신라와 당나라는 백제와 고구려를 공격해 멸망시키면 **대동강**을 기준으로 남쪽은 신라가, 북쪽은 당나라가 차지하기로 약속했어요. 하지만 두 나라를 멸망시키자 당나라는 약속을 깨고 신라의 땅까지 차지하려고 했지요. 신라의 문무왕은 당나라의 **속셈**을 알아채고 당나라를 한반도에서 몰아내기 위한 전쟁을 시작했어요. 문무왕이 이끄는 신라군은 매소성에서 20만 명의 당나라군을 물리쳤어요. 이에 당나라군은 육지에서는 신라군을 꺾을 수 없다고 생각했어요. 그래서 당나라군은 금강 입구의 기벌포를 공격했지요. 이곳에서도 신라군은 용감히 싸워 당나라군에 승리했어요. 매소성과 기벌포에서 벌어진 전투를 포함한 크고 작은 여러 전투에서 신라군은 당나라군을 물리쳤답니다. 이로써 신라의 문무왕은 당나라를 한반도에서 몰아내고 삼국 통일을 완성했어요(676).

2 문단 "나는 죽어서도 동해 바다의 용이 되어 신라를 지키겠소." 문무왕은 삼국을 통일한 후 바다 건너의 왜가 신라를 침입할까 걱정되었어요. 그래서 죽은 후에도 바다의 용이 되어 나라를 지키겠다는 **유언**을 남겼지요. 문무왕의 아들인 신문왕은 아버지의 뜻을 **받들어** 경주 앞바다에 문무왕의 무덤을 만들었어요. 그 무덤이 바로 경주 문무 대왕릉이에요. 문무 대왕릉에는 죽어서도 신라를 걱정한 문무왕의 마음이 담겨 있답니다.

경주 문무 대왕릉

신문왕이 아버지 문무왕의 시신을 화장해 동해의 큰 바위 위에 모셨다는 이야기가 전해지고 있어요. 이곳은 대왕암이라고도 불려요.

- 대동강 오늘날 북한의 평양을 가로지르는 한반도 북부의 강이에요.
- 속셈 마음속으로 하는 궁리나 계획을 말해요. '꿍꿍이'와 비슷한 말이에요.
- 유언 사람이 죽기 전에 남긴 말을 뜻해요.
- 받들다 어떤 사람의 말이나 가르침, 의도 등을 소중히 여겨 마음속으로 따르는 것을 뜻해요.

오늘의 날짜 월 일

1 중심 낱말

이 글의 중심 낱말로 알맞은 것은 무엇인가요? ( )

① 문무왕 ② 신문왕 ③ 태종 무열왕

2 중심 내용

1 문단, 2 문단 의 중심 내용을 알맞게 줄로 이으세요.

1 문단 •	• 문무왕은 신라 땅까지 차지하려는 당나라 군을 물리치고 삼국 통일을 완성했어요.
2 문단 •	• 문무 대왕릉에는 신라를 걱정한 문무왕의 마음이 담겨 있어요.

3 내용 추론

문무왕이 당나라와 전쟁을 한 까닭으로 알맞은 것은 무엇인가요? ( )

① 당나라와 동맹을 맺기 위해서
② 당나라의 속셈을 알아채지 못해서
③ 당나라를 한반도에서 몰아내기 위해서

4 세부 내용

신라와 당나라 사이의 전투로 알맞은 것을 이 글에서 모두 찾아 ○표 하세요.

기벌포 전투	매소성 전투	황산벌 전투

오늘의 한 문장 정리

문무왕은 ______________ 를 멸망시키고 당나라를 한반도에서 몰아내어 삼국 통일을 완성했어요.

초등 사회 5-2 | 나라의 등장과 발전

삼국 통일의 주인공들, 경주에 잠들다

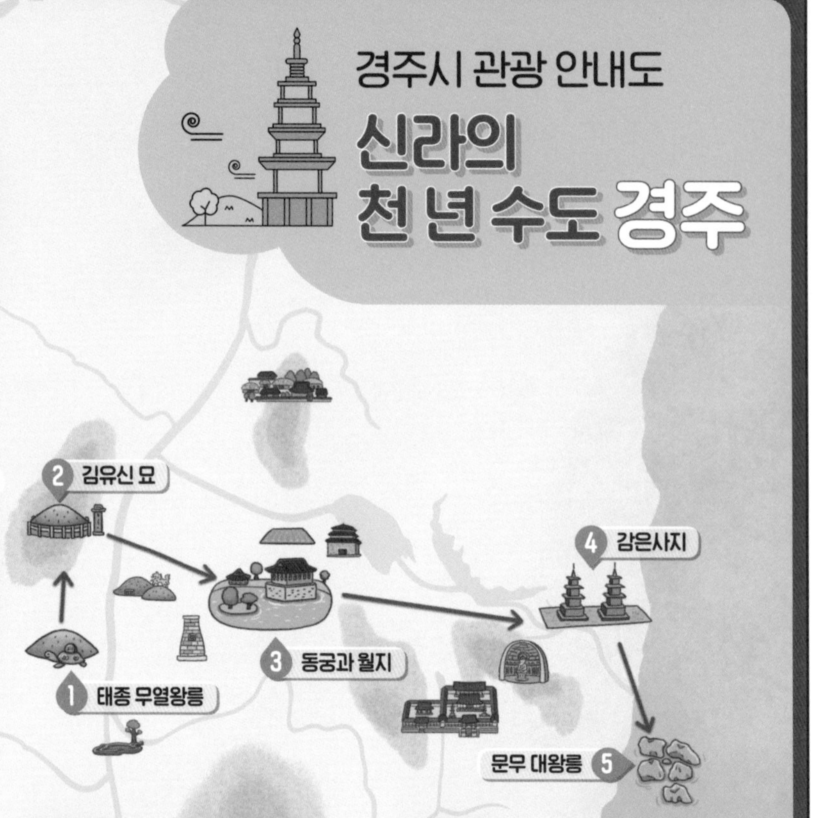

경주시 관광 안내도

신라의 천 년 수도 경주

2 김유신 묘
4 감은사지
3 동궁과 월지
1 태종 무열왕릉
문무 대왕릉 5

장소 1 태종 무열왕릉

당나라와 동맹을 맺어 백제를 멸망시킨 태종 무열왕(김춘추)의 무덤이에요.

장소 2 김유신 묘

백제와의 황산벌 전투에서 승리해 삼국 통일에 큰 공을 세운 김유신의 무덤이에요.

장소 3 동궁과 월지

문무왕이 만든 궁궐과 연못이에요. 연못에서 신라 사람들의 놀이 문화를 알 수 있는 나무 주사위가 발견되었어요.

장소 4 감은사지

문무왕 때 짓기 시작해 신문왕이 완성한 절인 감은사가 있던 자리예요. 지금은 2개의 3층 석탑이 남아 있어요.

장소 5 문무 대왕릉

문무왕의 장례가 치러졌다고 전해지는 바위이자 무덤이에요. 사람의 힘으로 물길을 만든 **흔적**이 남아 있어요.

• 흔적 어떤 현상이나 실체가 없어졌거나 지나간 뒤에 남은 자국을 뜻해요.

오늘의 날짜　　월　　일

1 이 안내도 속 문화유산과 관련이 없는 왕은 누구인가요? (　　　)

① 문무왕　　② 진흥왕　　③ 태종 무열왕

2 이 안내도의 내용으로 맞으면 ○표, 틀리면 ×표 하세요.

(1) 감은사는 신문왕 때 완성되었어요. (　　　)

(2) 태종 무열왕릉은 김유신의 무덤이에요. (　　　)

(3) 동궁과 월지에서 나무 주사위가 발견되었어요. (　　　)

3 다음 빈칸에 들어갈 알맞은 낱말을 이 안내도에서 찾아 쓰세요.

▲ 경주 감은사지

감은사지는 문무 대왕릉과 멀지 않은 곳에 만들어진 신라의 절터예요. ____________ 이/가 용이 된 아버지 문무왕이 언제든 감은사를 드나들 수 있도록 지하 통로를 만들었다는 이야기가 전해져요.

4 다음 설명에 해당하는 장소는 어디인가요? (　　　)

문무왕의 장례가 치러졌다고 전해지는 바위이자 무덤이에요.

① 김유신 묘　　② 동궁과 월지　　③ 문무 대왕릉

1~5일 지문에서 나온 중요 어휘를 정리해 보세요.

1 **밑줄 친 낱말의 뜻을 알맞게 줄로 이으세요.**

중국을 통일한 수나라가 고구려를 공격했어요.	•	•	다른 사람을 깔보다.
고구려는 김춘추의 요청을 들어주지 않았어요.	•	•	사람이 죽기 전에 남긴 말
계백은 백제 군사들의 용기를 북돋우며 신라군에 맞섰어요.	•	•	기운이나 정신을 더욱 높여 주다.
문무왕은 바다의 용이 되어 신라를 지키겠다는 유언을 남겼어요.	•	•	필요한 일이나 행동을 해 달라고 하는 것
을지문덕은 수나라군의 식량이 넉넉하지 않다는 것을 알아냈어요.	•	•	크기나 수 등이 부족하지 않고 충분하다.
당나라 황제는 선덕 여왕을 무시하려고 모란 그림과 씨앗을 보냈어요.	•	•	나누어진 것들을 합쳐서 하나가 되게 하다.

오늘의 날짜 월 일

2 밑줄 친 낱말과 뜻이 비슷한 낱말을 〈보기〉에서 찾아 빈칸에 쓰세요.

〈보기〉

기대 다짐 꿍꿍이 등용하다 후퇴하다

(1) 선덕 여왕은 여러 인재를 선발했어요. ______
여러 사람 가운데서 쓸 사람을 뽑다.

(2) 수나라군은 고구려군에 져서 퇴각했어요. ______
싸움 등에서 뒤로 물러나다.

(3) 문무왕은 당나라의 속셈을 알아채고 전쟁을 시작했어요. ______
마음속으로 하는 궁리나 계획

(4) 백제군은 죽을 각오로 싸워 신라군의 공격을 막아 냈어요. ______
앞으로 겪을 일에 대한 마음의 준비

(5) 선덕 여왕은 불교의 힘으로 나라를 지키려는 소망을 담아 탑을 만들었어요.
어떤 것을 간절히 바라는 마음
______

3 다음 ( ) 안에 들어갈 알맞은 낱말을 골라 ○표 하세요.

(1) 선덕 여왕은 백성들의 세금을 (**면재** , **면제**)해 주었어요.

(2) 신라의 도읍을 지켜 주던 대야성마저 백제에 (**전령** , **점령**)당했어요.

(3) 신문왕은 문무왕의 유언을 (**받들어** , **밭들어**) 바다에 무덤을 만들었어요.

(4) 신라에서는 겨울에 개구리 떼가 우는 (**불길안** , **불길한**) 일이 벌어졌어요.

(5) 김춘추는 고구려의 요구를 받아들이지 않아 감옥에 (**가쳤어요** , **갇혔어요**).

7세기(600~699)

원효가 무애가를
지었어요.

698년

대조영이 발해를
세웠어요.

828년

장보고가 완도에
청해진을 세웠어요.

연표를 따라가며 4주차에 만날 인물의 이름과 살았던 때, 활동을 살펴보세요.

894년

최치원이 왕에게 개혁안을 올렸어요.

901년

궁예가 후고구려를 세웠어요.

900년

견훤이 후백제를 세웠어요.

936년

고려를 세운 왕건이 후삼국을 통일했어요.

해골에 든 물을 마신 승려는 누구일까요?

원효
- 617 ~ 686년
- 신라의 승려
- 신라 백성들에게 불교를 널리 전하기 위해 노력함.

1 문단 원효가 활동하던 시기는 신라가 삼국 통일을 위해 전쟁을 벌이던 때였어요. 신라의 백성들은 전쟁 때문에 힘든 나날을 보내고 있었지요. 원효는 불교를 더 공부하기 위해 의상과 함께 당나라로 **유학**을 떠나기로 했어요. 당나라로 향하던 어느 날, 원효와 의상은 해가 지자 어느 동굴에 들어가 잠을 자게 되었어요. 목이 말라 잠에서 깬 원효는 곁에 있던 바가지에 든 물을 맛있게 마신 뒤 다시 잠이 들었어요. 다음 날 아침, 원효는 깜짝 놀라고 말았어요. 지난 밤 잠든 곳은 동굴이 아닌 무덤이었고, 맛있게 마셨던 물은 해골에 고인 썩은 물이었거든요. "내가 마신 물이 해골 물이었다고? 아, 물맛이 변한 것이 아니라 내 마음이 변한 것이구나." 원효는 이 일로 세상의 모든 일이 **마음먹기**에 달렸다는 것을 깨달았어요.

2 문단 유학이 필요하지 않다고 생각하게 된 원효는 신라로 돌아왔어요. 그리고 글을 모르는 백성들이 부처님의 말씀을 쉽게 배울 수 있도록 '무애가'라는 노래를 지어 불렀지요. 또 '나무아미타불'이라는 말만 외우면 부처님의 어려운 말씀을 다 알지 못해도 **극락**에 갈 수 있다고 말했어요. 이렇듯 원효는 백성들 가까이에서 불교의 가르침을 쉽게 전하려고 노력했어요. 원효의 가르침 덕분에 많은 신라 백성들이 불교를 믿게 되었답니다.

의상

의상은 원효와 같은 시기에 활동한 신라의 승려예요. 당나라에서 유학하고 돌아와 영주 부석사 등 여러 절을 짓고 신라의 불교를 발전시켰어요.

- 유학 외국에 머물면서 공부하는 일을 말해요.
- 마음먹다 마음속으로 어떤 일을 하겠다고 생각하는 것을 말해요. '결심하다'와 비슷한 말이에요.
- 극락 불교에서 이야기하는 괴로움이 없고 자유로운 세상을 뜻해요.

오늘의 날짜 월 일

1 중심 낱말

이 글의 중심 낱말로 알맞은 것은 무엇인가요? ( )

① 계백 ② 원효 ③ 의상

2 중심 내용

1 문단, 2 문단 의 중심 내용을 알맞게 줄로 이으세요.

1 문단 •		• 원효는 신라 백성들에게 불교를 널리 전했어요.
2 문단 •		• 원효는 세상의 모든 일이 마음먹기에 달렸다는 것을 깨달았어요.

3 세부 내용

이 글의 내용으로 맞으면 ○표, 틀리면 ×표 하세요.

(1) 원효는 무애가를 지어 불렀어요. ( )

(2) 의상은 해골 물을 마시고 깨달음을 얻었어요. ( )

(3) 원효는 의상과 함께 당나라에서 유학하고 돌아왔어요. ( )

4 어휘 표현

다음 ( ) 안에 들어갈 알맞은 낱말을 골라 ○표 하세요.

원효는 (**관세음보살** , **나무아미타불**)이라는 말만 외우면 부처님의 말씀을 다 알지 못해도 극락에 갈 수 있다고 말했어요.

오늘의 한 문장 정리

4주

중학 역사 2 | 남북국 시대의 전개

부처의 가르침을 널리 전한 신라 승려

1

내 사랑 불교

원효: 의상, 잘 지내셨는가? 오랜만에 연락하는군.

의상: 잘 지내셨습니까? 요즘 백성들과 함께 지내신다고요.

원효: 그렇네. 글을 모르는 백성들에게는 불교가 무척 어려울 것일세. 그래서 부처님의 말씀을 쉽게 전하기 위해 노력 중이지.

의상: 노래를 지어 부르신다고 들었습니다. '무애가'라는 노래라지요?

원효: 노래뿐이겠는가? 전국 곳곳을 다니며 춤도 춘다네. 또 '나무아미타불'이라는 말만 외우면 극락에 갈 수 있다는 가르침도 전하고 있지.

의상: 대단하십니다. 백성들이 불교를 더 쉽게 받아들이겠네요.

2

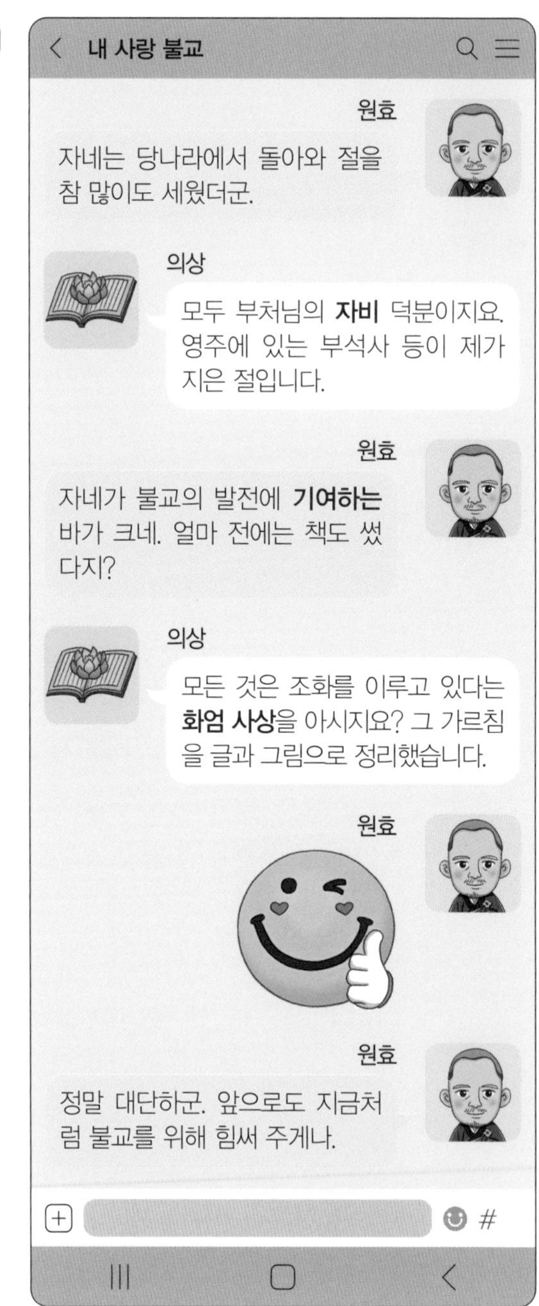

- **자비** 다른 사람을 가엾이 여겨 베푸는 마음이에요.
- **기여하다** 어떤 일에 도움이 되도록 힘쓰는 것을 뜻해요. '공헌하다'와 비슷한 말이에요.
- **화엄 사상** 모든 것은 서로 조화를 이루고 있음을 강조하는 불교 사상이에요. 우리나라에서는 의상에 의해 시작되었어요.

오늘의 날짜　　월　　일

1 이 대화에 참여하지 않은 사람은 누구인가요? (　　　)

① 궁예　　② 원효　　③ 의상

2 이 대화의 내용으로 맞으면 ○표, 틀리면 ×표 하세요.

(1) 의상은 당나라에서 돌아와 절을 지었어요. (　　　)
(2) 의상은 화엄 사상을 글과 그림으로 정리했어요. (　　　)
(3) 의상은 나무아미타불만 외우면 극락에 갈 수 있다고 말했어요. (　　　)

3 다음 빈칸에 들어갈 알맞은 낱말을 이 대화에서 찾아 쓰세요.

원효는 글을 모르는 신라 백성들에게 부처님의 말씀을 쉽게 전하기 위해 ____________ 을/를 지어 불렀어요.

4 이 대화를 바탕으로 영화를 만들 때 볼 수 없는 장면은 무엇인가요? (　　　)

①

△ 원효가 백성들과 함께 노래를 부르고 춤을 추는 장면

②

△ 원효가 부석사를 세운 것을 자랑하는 장면

발해는 누가 세웠을까요?

대조영
- ? ~ 719년
- 발해의 첫 번째 왕
- 옛 고구려 출신으로 고구려 유민, 말갈족 등과 함께 동모산에 성을 쌓고 나라를 세움.

1 문단 고구려가 멸망하면서 수많은 고구려 **유민**은 당나라로 끌려가 노비처럼 힘들게 생활했어요. 옛 고구려 장군 걸걸중상과 그의 아들 대조영의 처지도 마찬가지였어요. 대조영과 그의 아버지는 당나라의 지배에서 벗어나기 위해 고구려 유민과 **말갈족**을 이끌고 당나라를 탈출했어요. 당나라군은 곧바로 대조영 무리를 뒤쫓았지요. 당나라군을 피해 동쪽으로 향하던 대조영은 높고 가파른 땅의 모양을 이용해 천문령에서 당나라군에 큰 승리를 거두었답니다. 이후 대조영은 무리를 이끌고 옛 고구려의 땅으로 갔어요. 그리고 동모산에 성을 쌓고 '발해'라는 새로운 나라를 세웠어요(698).

2 문단 고구려의 **기상**을 이어받은 발해는 당나라와 맞서 싸우면서 옛 고구려의 땅을 대부분 되찾았어요. 그리고 점차 나라가 커지고 안정되자 당나라, 신라, 일본과 활발하게 교류했지요. 발해의 제10대 왕인 선왕 때는 한반도 북쪽과 만주의 드넓은 땅을 차지해 전성기를 맞이했어요. 이 무렵 당나라에서는 발해를 '바다 동쪽에서 일어나 번성한 나라'라는 뜻을 가진 '해동성국'으로 부르기도 했답니다.

발해의 전성기 때 영토

남북국 시대
남쪽에는 삼국을 통일한 신라가, 북쪽에는 발해가 자리 잡았던 때를 '남북국 시대'라고 해요.

- 유민 나라가 망해서 여기저기 떠돌아다니는 백성을 말해요.
- 말갈족 고구려 주변에 살던 민족들을 통틀어 부르던 말로, 나중에 '여진족'이라는 이름으로 불렸어요.
- 기상 겉으로 드러난 씩씩하고 굳센 정신을 말해요. '기개'와 비슷한 말이에요.

오늘의 날짜 월 일

1 중심 낱말

1 문단 의 중심 낱말로 알맞은 것은 무엇인가요? ( )

① 선왕 ② 대조영 ③ 걸걸중상

2 중심 내용

1 문단 , 2 문단 의 중심 내용을 알맞게 줄로 이으세요.

1 문단	• •	발해는 옛 고구려의 땅을 대부분 되찾았어요.
2 문단	• •	대조영은 동모산에 성을 쌓고 발해를 세웠어요.

3 어휘 표현

다음 빈칸에 들어갈 알맞은 낱말을 이 글에서 찾아 쓰세요.

당나라에서는 발해를 '바다 동쪽에서 일어나 번성한 나라'라는 뜻을 가진 ______________ (으)로 부르기도 했어요.

4 세부 내용

이 글의 내용을 통해 알 수 있는 빈칸에 들어갈 알맞은 퍼즐은 무엇인가요? ( )

① 선왕
② 장수왕
③ 선덕 여왕

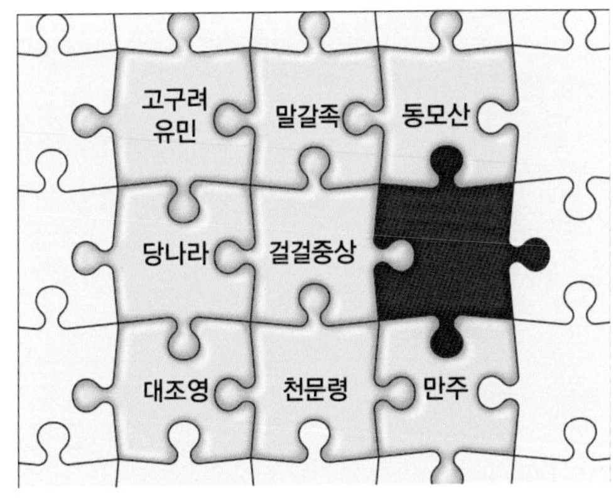

오늘의 한 문장 정리

옛 고구려 출신인 ______________ 은 발해를 세웠어요.

고구려를 닮은 나라

발해가 고구려를 계승한 나라라는 증거

1. 고구려와 닮은 발해의 문화

고구려가 멸망한 후 옛 고구려 출신인 대조영이 고구려 유민과 말갈족을 이끌고 발해를 세웠어요. 발해는 고구려의 정신과 문화를 이어 갔어요. 옛 발해 지역에 남겨진 다양한 문화유산을 통해 이를 알 수 있지요. 발해 건축물의 지붕에 장식된 치미와 기와는 고구려의 것과 닮았어요. 또 추위를 이겨 내기 위한 우리 고유의 장치인 온돌, 돌을 이용해 방을 만들고 그 위에 흙을 덮어 만든 무덤(굴식 돌방무덤) 양식을 살펴보아도 발해가 고구려를 계승했음을 알 수 있어요.

▲ 고구려의 치미(왼쪽)와 발해의 치미(오른쪽)

▲ 고구려의 기와(왼쪽)와 발해의 기와(오른쪽)

2. 고구려의 왕임을 내세운 발해의 왕들

발해의 왕들은 이웃 나라에 글을 보낼 때 스스로 고구려의 왕임을 내세웠어요. 이웃 나라들도 이를 인정했지요. 일본에서 발견된 목간에는 발해를 '고려(고구려)'라고 표현한 내용이 남아 있답니다.

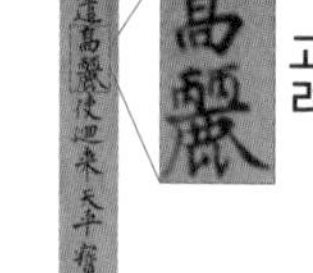

일본에서 발견된 목간 ▶

• 계승하다 조상의 문화나 전통을 물려받아 이어 나가는 것을 뜻해요.
• 목간 종이가 널리 사용되기 이전에 글을 적는 데 사용한 나무판을 말해요.

오늘의 날짜 월 일

1 대조영이 발해를 세울 때 함께하지 <u>않은</u> 사람은 누구인가요? ( )

① 말갈족 ② 일본인 ③ 고구려 유민

2 이 백과사전의 내용으로 맞으면 ○표, 틀리면 ×표 하세요.

(1) 발해의 기와는 고구려의 것과 닮지 않았어요. ( )
(2) 발해의 온돌과 무덤 양식은 고구려의 것과 닮았어요. ( )
(3) 발해는 이웃 나라에 고구려의 왕임을 내세운 글을 보냈어요. ( )

3 발해의 무덤에 영향을 준 무덤 양식으로 알맞은 것을 골라 ○표 하세요.

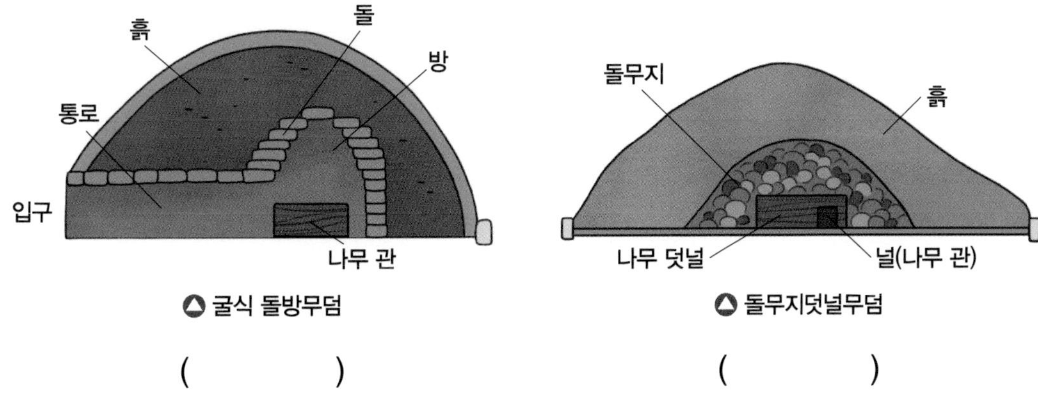

▲ 굴식 돌방무덤 ( )

▲ 돌무지덧널무덤 ( )

4 다음 ( ) 안에 들어갈 알맞은 낱말을 골라 ○표 하세요.

일본에서 발견된 목간에는 발해를 (**백제** , **고구려**)라고 표현했어요.

3일차 글

중학 역사 2 | 남북국 시대의 전개

신라의 해상왕으로 불린 인물은 누구일까요?

장보고

- ? ~ 846년
- 신라의 장군, 무역가
- 군사 기지인 청해진을 설치한 후 해적을 무찔러 바다의 질서를 바로잡음.

1 문단 장보고는 전라남도 완도 근처의 한 섬에서 태어나 자랐어요. 장보고는 뛰어난 무술 실력을 지녔지만, 신분이 낮아 높은 벼슬을 얻을 수 없었어요. 신라에서는 신분으로 모든 생활이 결정되었거든요. 신라에서의 삶이 **막막했던** 장보고는 당나라로 건너갔어요. 그리고 그곳에서 실력을 인정받아 장군이 되었어요. 어느 날, 장보고는 신라 사람들이 해적에게 잡혀 와 노비로 팔려 가는 모습을 보았어요. "해적들이 죄 없는 신라 사람을 해치는 것을 두고 볼 수는 없다!" 화가 난 장보고는 신라로 돌아가 해적을 무찌르기로 마음먹었지요.

2 문단 신라로 돌아온 장보고는 흥덕왕을 찾아갔어요. 그리고 흥덕왕에게 해적을 무찌르려면 그들이 다니는 길목인 완도에 군사 기지를 만들어야 한다고 건의했어요. 해적들 때문에 골머리를 앓고 있던 흥덕왕은 기뻐하며 장보고를 청해진의 책임자로 **임명하고** 군사를 내주었지요. 장보고는 완도 앞바다의 작은 섬인 장도에 청해진을 설치하고, 군사들을 훈련시켰어요. 그리고 튼튼한 배를 만들어 바다 이곳저곳을 누비며 해적들을 무찔렀어요. 해적들이 사라지자 당나라와 일본에서도 청해진을 오가게 되었어요. 청해진은 곧 **해상 무역**의 중심지가 되었고, 장보고는 해상 무역을 **주름잡아** 바다의 왕을 뜻하는 '해상왕'으로 이름을 떨쳤지요. 장보고의 활동 덕분에 여러 나라가 안전하게 무역할 수 있게 되었답니다.

완도 청해진 유적

청해진은 장보고가 군사를 모아 해적을 물리치고 신라와 당나라, 일본을 연결하는 무역을 하던 곳이에요. 완도에는 지금도 장보고가 쌓았던 성의 흔적이 남아 있어요.

- 막막하다 꽉 막힌 듯이 답답한 상황을 말해요.
- 임명하다 일정한 지위나 일을 맡기는 것을 뜻해요.
- 해상 무역 배에 물건을 싣고 다니며 나라와 나라 사이에 서로 물건을 파는 일을 말해요.
- 주름잡다 모든 일에 중심이 되어 자신이 하고 싶은 대로 처리하는 것을 말해요.

오늘의 날짜 월 일

1 중심 낱말

이 글의 중심 낱말로 알맞은 것은 무엇인가요? ( )

① 해적 ② 장보고 ③ 흥덕왕

2 중심 내용

1 문단 , 2 문단 의 중심 내용을 알맞게 줄로 이으세요.

1 문단 •		• 장보고는 해적을 무찌르고 해상 무역을 이끌었어요.
2 문단 •		• 장보고는 신라로 돌아가 해적을 무찌르기로 마음먹었어요.

3 세부 내용

이 글의 내용으로 알맞은 것은 무엇인가요? ( )

① 장보고는 발해의 장군이에요.
② 장보고의 건의로 울릉도에 청해진이 설치되었어요.
③ 장보고는 훈련된 군사와 튼튼한 배로 해적들을 무찔렀어요.

4 내용 추론

장보고가 청해진을 설치한 까닭으로 알맞은 것은 무엇인가요? ( )

① 자신의 무술 실력을 뽐내려고
② 군사를 길러 당나라를 차지하려고
③ 신라 사람을 괴롭히는 해적들을 무찌르려고

오늘의 한 문장 정리

장보고는 ____________ 을 설치해 해적을 무찌르고 해상 무역을 이끌었어요.

4주

중학 역사 2 | 남북국 시대의 전개

두 얼굴의 남자, 장보고

안녕하세요. 오늘 이 시간에는 신라 말에 활약했던 장보고에 대해 토론해 보겠습니다. 한 분씩 의견을 말씀해 주시길 바랍니다.

장보고는 해상 무역을 통해 **세력**을 키운 능력 있는 인물입니다. 장보고가 해상왕, 즉 바다의 왕이라고 불렸다는 이야기가 있을 정도이니까요.

아닙니다. 장보고는 **탐욕스러운** 인물입니다. 그는 권력에 눈이 멀어 왕위 다툼에 끼어들었습니다. 그리고 자신의 딸을 왕비로 삼겠다고 한 김우징을 도와 그에게 반대하는 세력을 제거하기도 했습니다.

저는 장보고가 좋은 점과 나쁜 점이 모두 있는 인물이라고 생각합니다. 당나라에서 장군으로 승승장구하던 장보고는 해적에게 붙잡혀 온 신라 사람들을 보고, 신라로 돌아와 청해진을 설치했습니다. 그리고 청해진을 기반으로 해적을 물리치는 데 앞장섰지요. 하지만 자신의 딸이 왕비가 되지 못하자 욕심을 부려 난을 일으킨 것도 사실입니다. 난을 일으킨 죄로 자신을 찾아온 옛 부하 염장에게 죽임을 당했지요.

세 분의 의견 잘 들었습니다. 장보고에 대한 긍정적 평가도 있고, 부정적 평가도 있었습니다. 오늘 토론은 이것으로 마치겠습니다. 감사합니다.

- 세력 권력이나 기세로 가지게 되는 힘을 뜻해요.
- 탐욕스럽다 지나치게 욕심이 많음을 뜻해요.

● 바른답과 도움말 12쪽

오늘의 날짜 월 일

1 장보고의 직업으로 알맞은 것은 무엇인가요? ( )

① 왕 ② 무역가 ③ 예술가

2 다음 빈칸에 들어갈 알맞은 낱말을 〈보기〉에서 골라 쓰세요.

〈보기〉

염장 김우징 해상왕

(1) 장보고는 ( )이라고 불렸어요.

(2) 장보고는 ( )에게 죽임을 당했어요.

(3) 장보고는 자신의 딸을 왕비로 삼겠다고 한 ( )을 도왔어요.

3 장보고가 신라로 돌아와 설치한 것의 이름을 이 토론에서 찾아 쓰세요.

4 이 토론을 바탕으로 영화를 만들 때 볼 수 있는 장면은 무엇인가요? ( )

①

장보고가 바다에서 활약하는 장면

②

장보고가 발해를 세우는 장면

4일차 글

신라의 글짓기 천재는 누구일까요?

최치원

- 857 ~ ?년
- 신라의 학자, 관리
- 신라 사회를 바로잡기 위해 왕에게 개혁안을 올림.

1 문단 "당나라에서 과거에 합격하고 내 꿈을 펼쳐야지." 최치원은 신라 말에 활약한 학자예요. 어려서부터 글재주가 남달랐던 그는 12살의 어린 나이에 당나라로 유학을 갔어요. 최치원은 6두품 출신이라서 신라에서는 골품제 때문에 능력이 아무리 뛰어나도 최고의 관직에 오를 수 없었거든요. 당나라에서 열심히 공부한 최치원은 마침내 외국인을 위한 과거 시험인 빈공과에 합격해 벼슬을 얻었어요. 그리고 당나라에서 황소라는 사람이 **반란**을 일으키자, 그를 꾸짖는 글을 지어 문장가로 이름을 널리 알렸답니다.

2 문단 최치원은 유학을 떠난 지 17년 만에 신라로 돌아왔어요. 그런데 당시 신라의 상황은 무척 어지러웠어요. 진성 여왕이 나랏일에 관심이 없었던 데다가, **가뭄**까지 겹쳐 나라의 창고는 텅텅 비었지요. 나라에서 세금을 내라고 **재촉하자** 농민들이 반란을 일으키기도 했어요. 최치원은 나라의 혼란한 상황을 바로잡기 위해 진성 여왕에게 10여 가지의 내용이 담긴 **개혁안**을 올렸어요. 하지만 최치원의 개혁안은 받아들여지지 않았어요. 이에 최치원은 벼슬을 버리고 이곳저곳을 떠도는 생활을 했어요. 최치원의 노력이 골품제라는 폐쇄적인 신분 제도에 가로막혀 빛을 발하지 못한 것이지요.

골품제와 6두품

골품제는 뼈의 등급을 뜻하는 '골품'이라는 말이 붙은 신라의 신분 제도예요. 신라에는 귀족들 사이에도 높고 낮음이 있었어요. 그래서 진골보다 낮은 귀족인 6두품은 아무리 뛰어난 능력을 가졌더라도 진골보다 높은 자리에 오를 수 없어 불만을 가졌지요.

- 반란 정부나 지도자에 반대해 무기로 공격하며 저항하는 것을 말해요. '봉기'와 비슷한 말이에요.
- 가뭄 오랫동안 비가 오지 않는 날씨를 말해요.
- 재촉하다 어떤 일을 빨리 하도록 자꾸 요구하는 것을 뜻해요. '독촉하다'와 비슷한 말이에요.
- 개혁안 제도나 기구 등을 새롭게 바꾸기 위해 내는 의견을 말해요.

오늘의 날짜 월 일

1 중심 낱말

이 글의 중심 낱말은 무엇인가요? ( )

① 황소 ② 최치원 ③ 진성 여왕

2 중심 내용

1 문단 , 2 문단 의 중심 내용을 알맞게 줄로 이으세요.

1 문단 •	• 최치원은 왕에게 개혁안을 올렸지만 거절당했어요.
2 문단 •	• 최치원은 당나라에서 문장가로 이름을 널리 알렸어요.

3 세부 내용

이 글의 내용으로 알맞지 않은 것은 무엇인가요? ( )

① 최치원은 진골 출신이에요.
② 최치원은 당나라로 유학을 갔어요.
③ 최치원은 진성 여왕에게 개혁안을 올렸어요.

4 어휘 표현

다음 밑줄 친 낱말과 뜻이 비슷한 낱말은 무엇인가요? ( )

신라 말에는 나라가 혼란스러워져 백성들이 매우 힘들게 생활했어요. 그러던 중 나라에서 세금을 내라고 재촉하자 농민들이 봉기를 일으켰어요.

① 가뭄 ② 반란 ③ 골품제

오늘의 한 문장 정리

__________은 신라를 바로잡기 위해 왕에게 개혁안을 올렸어요.

중학 역사 2 | 남북국 시대의 전개

칼보다 강한 붓의 힘

최치원 안녕하세요. 저를 환영해 주셔서 감사합니다. 전 어린 나이에 당나라로 유학을 가서 정말 열심히 공부했어요. 그래서 외국인을 위한 과거 시험인 빈공과에 합격했을 때는 정말 기뻤습니다.

진행자 그 이후에 당나라에서 반란을 일으킨 황소를 꾸짖는 글을 써서 문장가로 이름을 날리셨다지요. 그 글의 내용이 무척 궁금합니다.

최치원 '세상의 모든 사람이 황소, 너를 죽이려고 하고 땅속 귀신도 너를 죽이려고 한다.'라는 내용이 담겨 있어요. 한마디로 빨리 항복하라는 내용이지요.

진행자 황소가 그 글을 읽다 깜짝 놀라 침대에서 굴러떨어졌다는 이야기도 전해지더군요. 그러면 앞으로 신라를 위해 어떤 일을 할 생각이신가요?

최치원 요즘 신라의 상황이 좋지 않다고 들었습니다. 진성 여왕께 신라를 바로잡기 위한 개혁안을 올리려고 합니다.

진행자 진골 귀족들의 반대가 만만치 않을 텐데요. 뜻하는 바를 꼭 이루시길 바랍니다. 오늘 인터뷰 감사합니다.

• 귀국 외국에 나가 있던 사람이 자기 나라로 돌아오는 일을 말해요.

오늘의 날짜 월 일

1 **이 뉴스의 주인공은 누구인가요?** ( )

① 황소 ② 장보고 ③ 최치원

2 **이 뉴스의 내용으로 맞으면 ○표, 틀리면 ×표 하세요.**

(1) 최치원은 유학하고 신라로 돌아왔어요. ( )

(2) 최치원은 과거 시험인 빈공과에 합격했어요. ( )

(3) 황소가 최치원의 글을 읽다 놀랐다는 이야기가 전해져요. ( )

3 **최치원이 유학을 간 나라로 알맞은 것을 찾아 ○표 하세요.**

발해	일본	당나라

4 **최치원이 앞으로 신라에서 할 일로 알맞은 것은 무엇인가요?** ( )

① 해적을 무찌르기

② 진성 여왕에게 개혁안 올리기

③ 당나라를 한반도에서 몰아내기

후삼국 시대의 주인공은 누구일까요?

견훤
- 867 ~ 936년
- 후백제의 첫 번째 왕
- 신라의 군인 출신으로, 오늘날 전라도 지역에 나라를 세움.

1 문단 신라 말에는 왕의 힘이 약해지고 나라가 혼란해진 틈을 타 각 지방에서 **호족**이 성장했어요. 군인 출신인 견훤도 호족 세력 중 하나였지요. 견훤은 자신을 따르는 무리를 이끌고 완산주(전주)를 도읍으로 삼아 후백제를 세웠어요(900). 후백제가 자리한 전라도 지역은 농사가 잘되는 풍요로운 땅이었어요. 견훤은 땅에서 나오는 강한 경제력을 바탕으로 후고구려와 경쟁했어요. 그리고 경상도 일부만을 다스리는 작은 나라가 된 신라를 위협했지요. 심지어 신라의 도읍인 금성(경주)을 공격해 경애왕을 죽게 하기도 했어요.

궁예
- ? ~ 918년
- 후고구려의 왕
- 신라의 왕족 출신으로 알려진 인물로, 오늘날 북한의 개성 지역에 나라를 세움.

2 문단 궁예는 신라 왕족 출신으로 알려진 인물이에요. 그는 절에 들어가 승려가 되었다가 이후 장군이 되어 신라의 성을 하나둘 차지했어요. 궁예는 전쟁터에서 병사들과 함께 지냈고, 공을 세우면 누구에게나 **공평하게** 상을 주었어요. 또 백성들을 잘 보살펴 주어서 그를 따르는 사람들이 많았지요. 궁예는 점차 세력을 키워 강원도와 경기도, 황해도 지역을 차지했고, 마침내 송악(개성)을 도읍으로 삼아 후고구려를 세웠어요(901). 후고구려는 새로운 정치를 펼치려고 여러 번 도읍을 옮기면서, 후백제와 후삼국 경쟁의 **주도권**을 놓고 다투었어요. 시간이 흘러, 궁예는 신하를 죽이고 의심하는 등 나라를 난폭하게 다스렸어요. 그러자 이를 두고 볼 수 없었던 궁예의 부하 왕건이 궁예를 쫓아내고 왕이 되었어요. 왕건은 나라의 이름을 '고려'로 바꾼 후 후백제와의 경쟁에서 승리하여 후삼국을 통일했답니다(936).

후삼국 시대

후백제, 후고구려(고려), 신라가 함께 있던 때를 후삼국 시대라고 해요.

- 호족 스스로를 성주, 장군이라고 말하며 지방을 독자적으로 다스린 세력이에요.
- 공평하다 어느 쪽으로도 치우치지 않고 고른 것을 말해요. '공정하다'와 비슷한 말이에요.
- 주도권 중심이 되어 어떤 일을 이끌어 나갈 수 있는 권력을 말해요.

오늘의 날짜 월 일

1 중심 낱말

1 문단 의 중심 낱말은 무엇인가요? ( )

① 견훤 ② 궁예 ③ 왕건

2 중심 내용

1 문단 , 2 문단 의 중심 내용을 알맞게 줄로 이으세요.

1 문단	• •	후고구려를 세운 궁예는 왕건에 의해 쫓겨났어요.
2 문단	• •	견훤은 완산주를 도읍으로 삼아 후백제를 세웠어요.

3 세부 내용

이 글의 내용으로 알맞지 않은 것은 무엇인가요? ( )

① 견훤은 후삼국을 통일했어요.
② 궁예는 나라를 난폭하게 다스렸어요.
③ 왕건은 왕이 된 후 나라 이름을 고려로 바꾸었어요.

4 내용 요약

이 글의 내용을 요약했어요. ㉠, ㉡에 들어갈 알맞은 낱말을 이 글에서 찾아 쓰세요.

후삼국 시대		
	후백제	• 세운 사람: (㉠) • 도읍: 완산주(전주)
	후고구려	• 세운 사람: (㉡) • 도읍: 송악(개성)
	신라	도읍: 금성(경주)

㉠ ____________

㉡ ____________

오늘의 한 문장 정리

후백제와 후고구려가 세워지면서 신라와 함께 ____________ 시대가 열렸어요.

5일차

SNS

지문분석 동영상강의

초등 사회 5-2 | 독창적 문화를 발전시킨 고려

쓰러져 가는 두 나라 이야기

eduwill 10:15

POST

견훤(Strong man)

좋아요 202개

견훤(Strong man) 오늘따라 후백제를 세운 때가 생각난다. 백제의 **원수**를 갚겠다며 신라를 공격해 경애왕을 죽게 하기도 했었는데 …. 왕이 되려는 큰아들 신검 때문에 금산사에 갇힌 지금의 내 처지가 안타까워 그때가 더 생각나는 것 같다.

#후백제 건국 #백제의 원수 신라 #신검 너무해

eduwill 12:30

POST

궁예(Future Buddha)

좋아요 17개

궁예(Future Buddha) 내가 스스로 부처님이라고 하는 게 이해가 안 되나? 나는 사람들의 마음을 **꿰뚫어** 볼 수 있는데, 요즘 내가 후고구려를 난폭하게 다스린다며 나쁜 마음을 먹는 신하들이 많아 화가 난다. 특히 힘을 키우고 있다는 왕건을 주의 깊게 지켜볼 생각이다.

#후고구려 건국 #내가 바로 부처 #왕건 조심해

- **원수** 억울하고 원통할 만큼 자기에게 해를 끼친 대상을 말해요.
- **꿰뚫다** 어떤 일의 내용이나 사정을 자세히 잘 아는 것을 뜻해요.

● 바른답과 도움말 13쪽

오늘의 날짜　　월　　일

1 궁예가 세운 나라는 어디인가요? (　　)

① 신라　② 후백제　③ 후고구려

2 이 SNS의 내용으로 맞으면 ○표, 틀리면 ×표 하세요.

(1) 견훤은 금산사에 갇혔어요. (　　)

(2) 궁예는 스스로 부처님이라고 했어요. (　　)

(3) 견훤은 신라를 공격해 경애왕을 죽게 했어요. (　　)

3 다음 빈칸에 들어갈 알맞은 낱말을 이 SNS에서 찾아 쓰세요.

견훤은 ______________ 의 원수를 갚겠다며 후백제를 세웠어요.

4 이 SNS를 바탕으로 영화를 만들 때 볼 수 없는 장면은 무엇인가요? (　　)

①

▲ 견훤이 후백제를 세우는 장면

②

▲ 궁예가 나라를 난폭하게 다스리는 장면

③

▲ 경애왕이 후백제와 후고구려를 멸망시킨 장면

어휘 정리

1~5일 지문에서 나온 중요 어휘를 정리해 보세요.

1 **밑줄 친 낱말의 뜻을 알맞게 줄로 이으세요.**

장보고는 해상 무역을 주름잡았어요.	• •	일정한 지위나 일을 맡기다.
흥덕왕은 장보고를 청해진의 책임자로 임명했어요.	• •	외국에 머물면서 공부하는 일
견훤은 백제의 원수를 갚겠다며 후백제를 세웠어요.	• •	오랫동안 비가 오지 않는 날씨
신라 말에 가뭄이 들어 백성들의 생활이 어려워졌어요.	• •	나라가 망해서 여기저기 떠돌아다니는 백성
원효와 의상은 당나라로 유학을 가기 위해 길을 떠났어요.	• •	억울하고 원통할 만큼 자기에게 해를 끼친 대상
대조영은 고구려 유민과 말갈족을 이끌고 발해를 세웠어요.	• •	모든 일에 중심이 되어 자기가 하고 싶은 대로 처리하다.

오늘의 날짜 월 일

2 밑줄 친 낱말과 뜻이 비슷한 낱말을 〈보기〉에서 찾아 빈칸에 쓰세요.

〈보기〉

기상 결심하다 공정하다 기여하다 재촉하다

(1) 발해는 고구려의 기개를 이어받은 나라예요. ________
굳은 의지와 씩씩한 정신

(2) 원효는 모든 것이 마음먹기에 달렸음을 깨달았어요. ________
마음속으로 어떤 일을 하겠다고 생각하다.

(3) 궁예는 공을 세운 사람들에게 공평하게 상을 주었어요. ________
어느 쪽으로도 치우치지 않고 고르다.

(4) 의상은 여러 절을 지어 신라의 불교 발전에 공헌했어요. ________
힘을 써서 가치 있는 일이 되게 하다.

(5) 신라 말에 나라에서 백성들에게 세금을 내라고 독촉했어요. ________
어떤 일을 빨리 하도록 몹시 요구하다.

3 다음 문장의 밑줄 친 낱말을 바르게 고쳐 빈칸에 쓰세요.

(1) 발해는 고구려를 게승한 나라임을 내세웠어요. ________

(2) 최치원은 반란을 일으킨 황소를 꾸짓는 글을 썼어요. ________

(3) 최치원의 개혁안은 패쇄적인 골품제에 가로막혔어요. ________

(4) 궁예는 신하들의 마음을 꽤뚫어 볼 수 있다고 했어요. ________

(5) 신라에서의 삶이 먹먹했던 장보고는 당나라로 건너갔어요. ________

4주

쉬어가기

도둑 쫓기

도둑이 도망가고 있어요. 경찰관이 도둑을 잡을 수 있게 알맞은 길을 찾아 선을 그어요.

머리가 맑아지는 체조

다음 동작을 순서대로 하나씩 천천히 따라해 보아요.

❶

똑바로 선 다음, 오른발을
두 손으로 들어 올려요.

❷

오른발을 왼쪽 무릎에 놓고,
두 손을 가슴 위로 모아요.

❸

팔을 천천히 머리 위로 올리고
고개를 들어 손을 쳐다봐요.
10초 동안 가만히 있어요.

❹

팔과 다리를 내린 다음,
다리를 바꿔 똑같이 반복해요.

MEMO

에듀윌 초등 문해력보스 한국사 우리 인물 ❶

발 행 일	2022년 9월 8일 초판	2022년 10월 24일 2쇄
저　　자	방대광, 김현숙, 신범식, 조윤호, 에듀윌초등문해력연구소
펴 낸 이	권대호, 김재환
펴 낸 곳	(주)에듀윌
등록번호	제25100-2002-000052호
주　　소	08378 서울특별시 구로구 디지털로34길 55 코오롱싸이언스밸리 2차 3층

www.eduwill.net

대표전화 1600-6700

여러분의 작은 소리
에듀윌은 크게 듣겠습니다.

여러분의 이야기를 들려주세요.
공부하시면서 어려웠던 점, 궁금한 점,
칭찬하고 싶은 점, 개선할 점, 어떤 것이라도 좋습니다.

에듀윌은 여러분께서 나누어 주신 의견을
통해 끊임없이 발전하고 있습니다.

에듀윌 도서몰 book.eduwill.net
교재내용 문의 에듀윌 도서몰 → 문의하기 → 교재(내용, 출간) → 초등 문해력

초등부터 에듀윌

문해력 보스

정답, 다 맞혀 주겠어!

초등부터 에듀윌

문해력 보스

바른답과 도움말

한국사

초등 3~6학년

우리 인물 1 선사~통일 신라와 발해

eduwill

초등부터 에듀윌

문해력 보스

바른답과 도움말

한국사 초등 3~6학년

우리 인물 1 선사~통일 신라와 발해

1주

1일차 단군왕검 12~15쪽

글 고조선은 누가 세웠을까요?

문단	중심 낱말	중심 내용
1문단	환웅	하늘에서 내려온 환웅은 신단수 아래에서 사람들을 다스렸어요.
2문단	단군왕검	단군왕검은 우리 역사 속 최초의 나라인 고조선을 세웠어요.

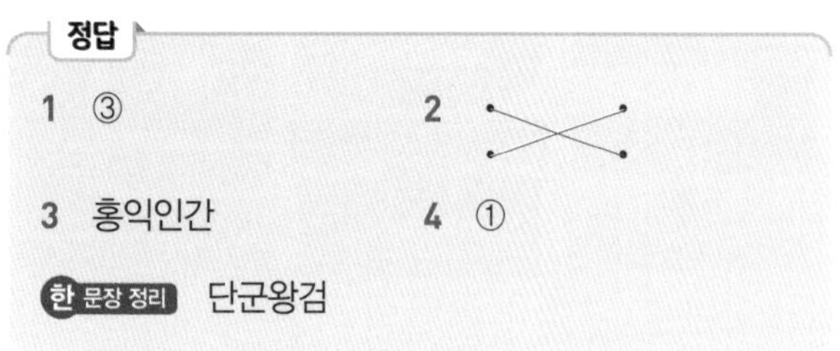
정답

1 ③ 2

3 홍익인간 4 ①

한 문장 정리 단군왕검

1 2문단은 단군왕검이 고조선을 세운 내용을 담고 있습니다. 따라서 2문단의 중심 낱말은 '단군왕검'입니다.

3 환웅은 '홍익인간'의 뜻을 품고 인간 세상을 다스리고자 했습니다.

4 환웅과의 약속을 잘 지킨 곰은 여자(웅녀)가 되어 환웅과 결혼했고, 단군왕검을 낳았습니다.

웹툰 법으로 백성을 다스린 나라

정답

1 ② 2 (1) ○ (2) ○ (3) ×

3 고조선 4

1 고조선에는 백성을 다스리는 8개의 법(8조법)이 있었습니다.

2 (3) 고조선에서는 물건을 훔친 사람을 노비로 삼았습니다.

3 8조법의 내용을 통해 고조선의 사회 질서가 엄격했음을 알 수 있습니다.

2일차 박혁거세, 김수로 16~19쪽

글 신라와 가야의 첫 번째 왕은 누구일까요?

문단	중심 낱말	중심 내용
1문단	박혁거세	박혁거세는 신라의 첫 번째 왕이 되었어요.
2문단	김수로	김수로는 금관가야의 왕이 되었어요.

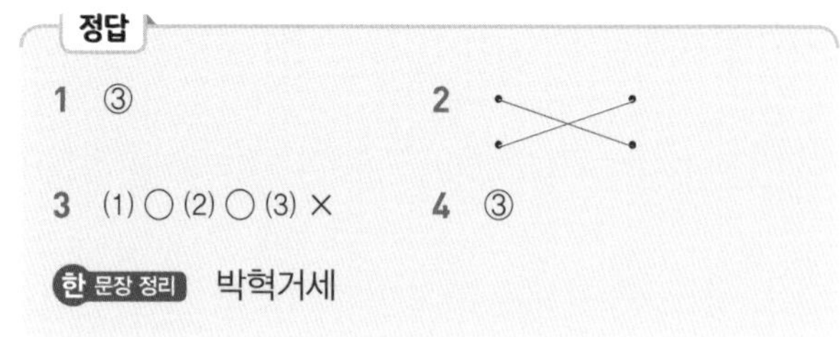
정답

1 ③ 2

3 (1) ○ (2) ○ (3) × 4 ③

한 문장 정리 박혁거세

1 1문단은 알에서 나온 박혁거세가 사로국(신라)의 첫 번째 왕이 된 내용을 담고 있습니다. 따라서 1문단의 중심 낱말은 '박혁거세'입니다.

3 (3) 김수로는 황금색 알에서 나온 6명의 아이 중에서 가장 먼저 알을 깨고 나왔습니다.

4 사로국의 촌장들은 알에서 나온 박혁거세를 하늘에서 내려왔다고 생각해 왕으로 삼았습니다.

초대장 바다 건너 이어진 사랑 이야기

정답

1 ① 2 (1) × (2) × (3) ○

3 김수로 4 금관가야

1 이 초대장은 김수로와 허황옥의 결혼식에 초대하는 내용을 담고 있습니다.

2 (1) 김수로는 아유타국의 공주 허황옥과 결혼했습니다.
(2) 김수로는 허황옥이 가야로 올 것을 미리 알고 있었다고 전해집니다.

3 허황옥은 가야로 와서 김수로의 왕비가 되었습니다.

4 김수로는 금관가야를 세운 왕입니다.

3일차 주몽, 온조 20~23쪽

글 고구려와 백제를 세운 왕은 누구일까요?

문단	중심 낱말	중심 내용
1문단	주몽	알에서 태어난 주몽은 졸본 지역에 고구려를 세웠어요.
2문단	온조	온조는 위례성에 나라를 세운 뒤 나라 이름을 백제로 정했어요.

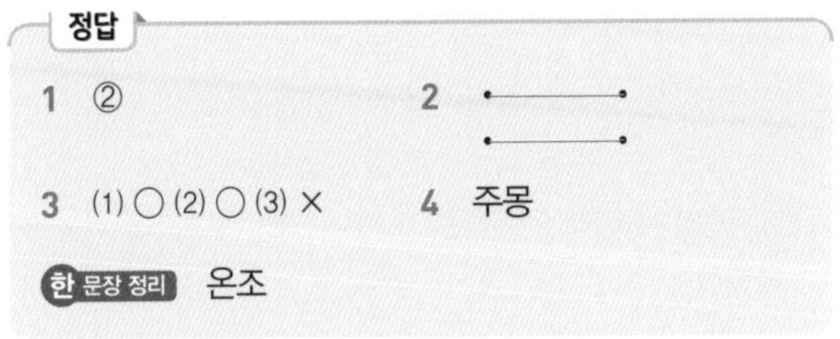

정답

1 ② 2

3 (1) ○ (2) ○ (3) × 4 주몽

한 문장 정리 온조

1 1문단은 주몽이 부여를 떠나 고구려를 세운 내용을 담고 있습니다. 따라서 1문단의 중심 낱말은 '주몽'입니다.

3 (3) 주몽은 부여 왕자들이 자신을 시샘하고 괴롭히자 부여를 떠났습니다.

4 유화가 낳은 알에서 태어난 아이는 활을 잘 쏘는 사람이라는 뜻에서 '주몽'이라고 불렸습니다.

신문기사 같은 뿌리를 가진 두 나라

정답

1 ③ 2 (1) ○ (2) × (3) ○

3 고구려 4 ③

1 이 신문기사는 한강에서 고구려의 무덤 양식과 비슷한 백제의 무덤이 발견되었다는 내용을 담고 있습니다.

2 (2) 고구려가 아니라 백제의 첫 번째 도읍이 한강 유역에 있었습니다.

3 고구려와 백제의 무덤 양식이 비슷한 점을 통해 고구려에서 내려온 사람들이 백제를 세웠음을 짐작할 수 있습니다.

4 고구려의 초기 무덤 양식은 돌무지무덤입니다.

4일차 을파소 24~27쪽

글 왕에게 백성을 위한 제도를 건의한 고구려 관리는 누구일까요?

문단	중심 낱말	중심 내용
1문단	을파소	을파소는 왕에게 최고의 벼슬을 받았어요.
2문단	을파소	을파소의 건의로 진대법이 실시되었어요.

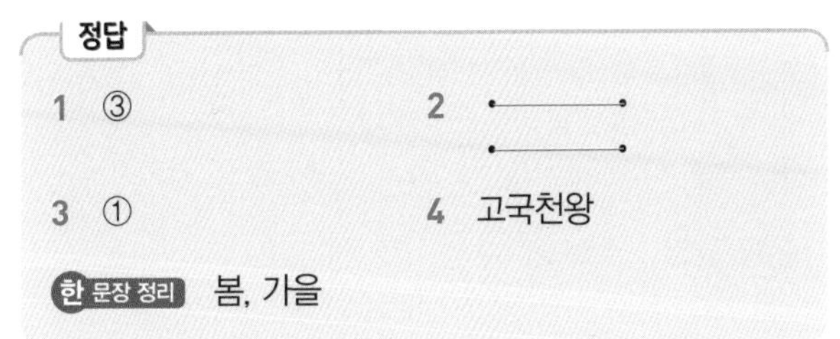

정답

1 ③ 2

3 ① 4 고국천왕

한 문장 정리 봄, 가을

1 이 글은 을파소가 왕에게 벼슬을 받고, 배고픔으로 고통받는 백성들을 구하기 위해 진대법을 건의한 내용을 담고 있습니다. 따라서 이 글의 중심 낱말은 '을파소'입니다.

3 을파소는 고구려의 가난한 백성들을 구하기 위해 식량이 부족한 봄에 곡식을 빌려주었다가 가을에 갚게 하는 진대법을 건의했습니다.

4 을파소의 건의로 고국천왕 때 진대법이 실시되었습니다.

일기 가난한 백성을 구한 고구려 관리

정답

1 ② 2 (1) × (2) ○ (3) ○

3 진대법 4 ②

1 이 일기는 을파소가 고국천왕을 만나 진대법을 건의한 내용을 담고 있습니다.

2 (1) 고국천왕은 진대법을 실시한 고구려의 왕입니다.

3 을파소는 고국천왕에게 진대법의 실시를 건의했고, 고국천왕은 이를 실시할 것을 약속했습니다.

4 을파소는 백성들을 구하기 위해 진대법을 건의한 인물입니다. 따라서 을파소가 백성들의 곡식을 빼앗아 가는 장면은 알맞지 않습니다.

5일차 근초고왕 28~31쪽

글 백제의 전성기를 이끈 왕은 누구일까요?

문단	중심 낱말	중심 내용
1문단	근초고왕	근초고왕은 백제의 땅을 크게 넓히고 전성기를 이루었어요.
2문단	근초고왕	근초고왕은 주변 나라와 활발히 교류하고 백제의 역사책을 쓰게 했어요.

정답

1 ③ 2

3 교류 4 ㉠ 고구려 ㉡ 서기

한 문장 정리 근초고왕

1 이 글은 백제의 전성기를 이끈 근초고왕의 이야기를 담고 있습니다. 따라서 이 글의 중심 낱말은 '근초고왕'입니다.

3 백제는 근초고왕 때 왜에 칠지도를 전해 주는 등 왜와 활발하게 교류했습니다.

4 ㉠ 근초고왕은 고구려를 공격해 평양성에서 고국원왕을 죽게 하고 북쪽으로 땅을 넓혔습니다.
㉡ 근초고왕은 고흥에게 백제의 역사책 『서기』를 쓰게 했습니다.

온라인박물관 강한 나라를 꿈꾼 근초고왕

정답

1 ① 2 (1) × (2) ○ (3) ×

3 칠지도 4 ③

1 이 전시는 백제의 전성기를 이끈 근초고왕의 활동을 소개하는 전시입니다.

2 (1) 백제는 삼국 중에서 가장 먼저 전성기를 맞이했습니다.
(3) 근초고왕이 고흥에게 쓰게 한 역사책 『서기』는 오늘날 남아 있지 않습니다.

3 백제 근초고왕 때 왜에 칠지도를 전해 주었다고 알려져 있습니다.

4 근초고왕은 왜에 학자를 보내 주는 등 왜의 문화 발전에 도움을 주었습니다.

어휘 정리 32~33쪽

정답

1

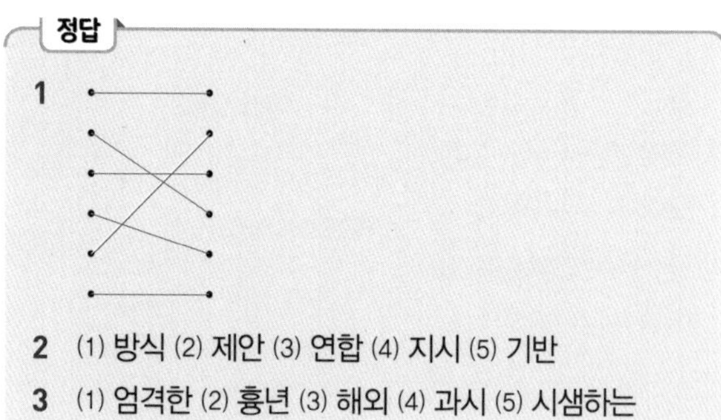

2 (1) 방식 (2) 제안 (3) 연합 (4) 지시 (5) 기반

3 (1) 엄격한 (2) 흉년 (3) 해외 (4) 과시 (5) 시샘하는

2 (1) '방식'은 일정한 방법이나 형식을 뜻합니다.
(2) '제안'은 의견을 내놓는 것을 말합니다.
(3) '연합'은 여러 단체들을 합쳐서 만든 하나의 조직을 뜻합니다.
(4) '지시'는 무엇을 하라고 시키는 것을 말합니다.
(5) '기반'은 어떤 것의 기초가 되는 바탕을 말합니다.

1일차 광개토 대왕, 장수왕 36~39쪽

글 고구려를 천하의 중심으로 만든 왕은 누구일까요?

문단	중심 낱말	중심 내용
1문단	광개토 대왕	광개토 대왕은 고구려의 영토를 크게 넓혔어요.
2문단	장수왕	장수왕은 한반도의 중부 지역까지 영토를 넓혔어요.

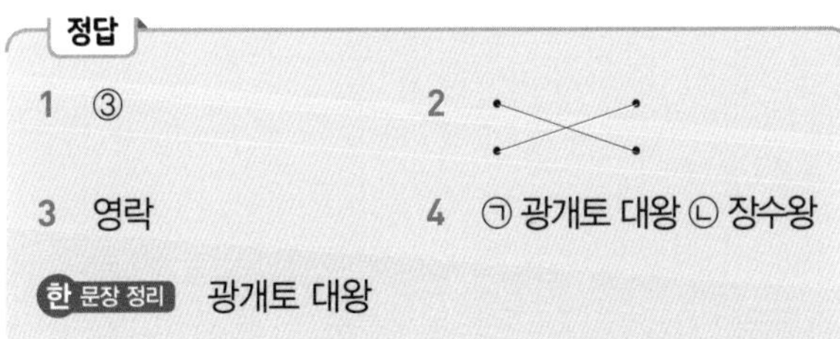

정답

1 ③　　2

3 영락　　4 ㉠ 광개토 대왕 ㉡ 장수왕

한 문장 정리 광개토 대왕

1 1문단은 광개토 대왕이 고구려의 영토를 크게 넓힌 내용을 담고 있습니다. 따라서 1문단의 중심 낱말은 '광개토 대왕'입니다.

3 광개토 대왕은 중국의 연호를 따르지 않고 '영락'이라는 독자적인 연호를 사용했습니다.

4 ㉠ 고구려의 왕 중에서 영토를 크게 넓히고 신라를 도와 가야와 왜를 물리친 왕은 광개토 대왕입니다.
㉡ 고구려의 왕 중에서 한반도의 중부 지역까지 차지한 왕은 장수왕입니다.

뉴스 돌에 새겨진 고구려의 자부심

정답

1 ③　　2 (1) × (2) ○ (3) ○

3 장수왕　　4 ①

1 광개토 대왕릉비는 고구려 광개토 대왕의 업적이 새겨진 비석입니다.

2 (1) 광개토 대왕릉비는 고구려의 땅이었던 중국 지린성 지안시에 위치해 있습니다.

3 광개토 대왕릉비는 고구려 장수왕이 아버지인 광개토 대왕의 업적을 알리기 위해 세운 비석입니다.

4 고구려를 건국한 왕은 주몽입니다. 광개토 대왕은 고구려의 전성기를 연 왕입니다.

2일차 이사부, 지증왕 40~43쪽

글 울릉도와 독도는 언제부터 우리 땅이 되었을까요?

문단	중심 낱말	중심 내용
1문단	이사부	이사부는 지증왕 때 우산국을 정복했어요.
2문단	지증왕	지증왕은 신라 발전의 기반을 마련했어요.

정답

1 ①　　2

3 ③　　4 신라

한 문장 정리 이사부

1 1문단은 이사부가 우산국을 정복한 내용을 담고 있습니다. 따라서 1문단의 중심 낱말은 '이사부'입니다.

3 이사부가 우산국을 정복하면서 독도가 우리 땅이 되었습니다.

4 지증왕은 나라의 이름을 '신라'로 정했습니다.

인터뷰 신라의 전설이 된 이사부

정답

1 ②　　2 (1) × (2) × (3) ○

3 울릉도　　4 법흥왕, 지증왕, 진흥왕

1 이 인터뷰의 주인공은 신라의 영토를 넓히는 데 활약한 이사부 장군입니다.

2 (1) 이사부는 거칠부가 역사책을 쓰도록 진흥왕에게 건의했습니다.
(2) 거칠부는 신라의 역사를 정리한 책인 『국사』를 지은 관리입니다.

3 이사부가 정복한 우산국은 오늘날 울릉도에 있었습니다.

4 이사부는 지증왕, 법흥왕, 진흥왕을 모신 신라의 장군입니다.

3일차 이차돈 44~47쪽

글 불교를 위해 죽음을 선택한 인물은 누구일까요?

문단	중심 낱말	중심 내용
1문단	법흥왕	법흥왕은 불교를 신라의 종교로 받아들이고자 했어요.
2문단	이차돈	이차돈은 불교를 나라의 종교로 만들기 위해 목숨을 바치기로 결심했어요.
3문단	이차돈	이차돈의 순교로 법흥왕 때 신라에서 불교가 공인되었어요.

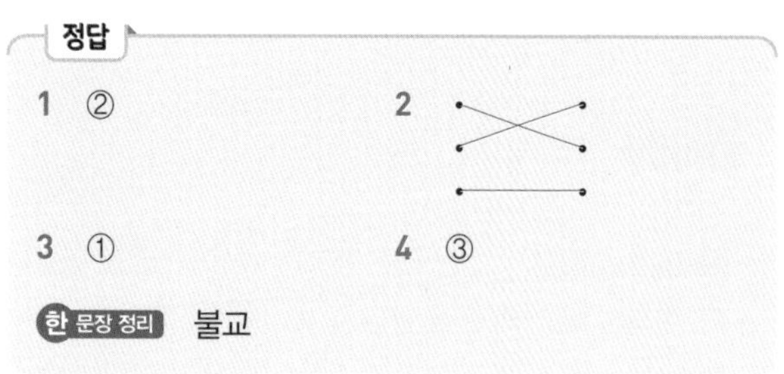

정답

1 ②　　2 (선 잇기)

3 ①　　4 ③

한 문장 정리 불교

1 3문단은 이차돈이 신라의 불교 공인을 위해 목숨을 바친 내용을 담고 있습니다. 따라서 3문단의 중심 낱말은 '이차돈'입니다.

3 신라에서 불교가 공인된 것은 법흥왕 때의 일입니다.

4 이차돈은 불교를 나라의 종교로 받아들이게 하기 위해 자신의 목숨을 바쳤습니다.

웹툰 불교를 전하기 위한 최후의 결심

정답

1 ②　　2 (1) ○ (2) × (3) ○

3 ③　　4 ①

1 이차돈은 불교를 반대하는 귀족들을 꺾기 위해 천경림에 절을 짓기 시작했습니다.

2 (2) 법흥왕은 불교를 받아들이려고 했으나, 귀족들이 이를 반대했습니다.

3 이 웹툰은 신라의 불교 공인을 위해 목숨을 바친 이차돈의 이야기를 다루고 있습니다. 따라서 이 웹툰을 영화로 만들 때 제목으로 가장 알맞은 것은 '이차돈의 희생과 불교 공인'입니다.

4 장면 4는 이차돈의 목을 베자 신비한 일이 일어나는 장면입니다. 따라서 뒤에 이어질 장면으로는 이차돈의 순교로 불교가 공인되는 장면이 알맞습니다.

4일차 성왕 48~51쪽

글 백제의 부흥을 꿈꾼 왕은 누구일까요?

문단	중심 낱말	중심 내용
1문단	성왕	성왕은 도읍을 사비로 옮기는 등 백제를 부흥시키기 위해 노력했어요.
2문단	성왕	성왕은 관산성에서 신라군의 공격을 받아 목숨을 잃었어요.

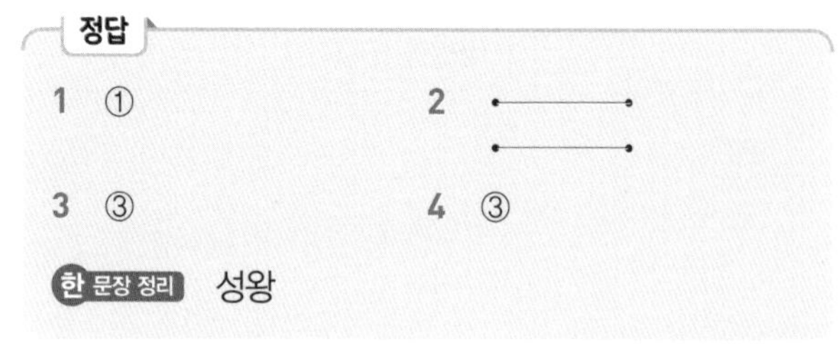

정답

1 ①　　2 (선 잇기)

3 ③　　4 ③

한 문장 정리 성왕

1 이 글은 백제의 부흥을 위해 노력한 성왕의 이야기입니다. 따라서 이 글의 중심 낱말은 '성왕'입니다.

3 성왕 때 백제는 고구려에 빼앗겼던 한강 유역을 되찾았으나, 이 땅을 신라에 빼앗겼습니다.

4 성왕이 도읍을 사비로 옮긴 까닭은 웅진의 땅이 좁고 교통이 불편했기 때문입니다.

블로그 성왕의 뜻을 이은 위덕왕

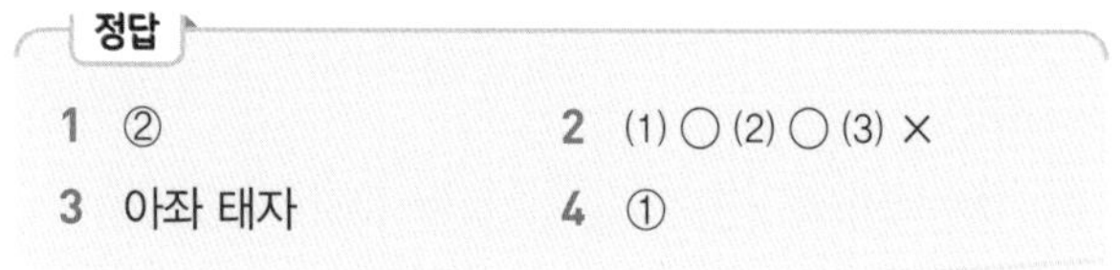

정답

1 ②　　2 (1) ○ (2) ○ (3) ×

3 아좌 태자　　4 ①

1 이 블로그는 성왕의 아들인 위덕왕의 블로그입니다.

2 (3) 위덕왕은 아버지인 성왕이 죽은 후 승려가 되고자 했으나, 신하들이 이를 말렸습니다.

3 성왕의 손자이자 위덕왕의 아들인 아좌 태자는 왜에 건너가 쇼토쿠 태자를 가르쳤으며, 그의 초상화를 그려 주었다고 전해집니다.

4 위덕왕은 다음 게시글에서 성왕과 자신이 한강 유역을 되찾았던 일과 백제가 고구려, 신라, 중국과 어떤 관계를 유지했는지에 대해 이야기하겠다고 했습니다.

5일차 진흥왕 52~55쪽

글 신라의 전성기를 이끈 왕은 누구일까요?

문단	중심 낱말	중심 내용
1문단	진흥왕	진흥왕은 한강 유역을 모두 차지했어요.
2문단	진흥왕	진흥왕은 정복한 지역에 비석을 세웠어요.
3문단	진흥왕	진흥왕은 신라의 제도와 문화를 정비했어요.

정답

1 ③

2 (선 잇기)

3 순수비

4 진흥왕

한 문장 정리 한강

1 이 글은 신라의 전성기를 이끈 진흥왕의 이야기를 담고 있습니다. 따라서 이 글의 중심 낱말은 '진흥왕'입니다.

3 진흥왕은 자신이 정복한 북한산, 창녕, 마운령, 황초령의 땅을 돌아보고 순수비를 세웠습니다.

4 신라의 영토를 크게 넓히고 제도와 문화를 정비해 전성기를 이끈 왕은 진흥왕입니다.

광고 신라의 인재 집합소

정답

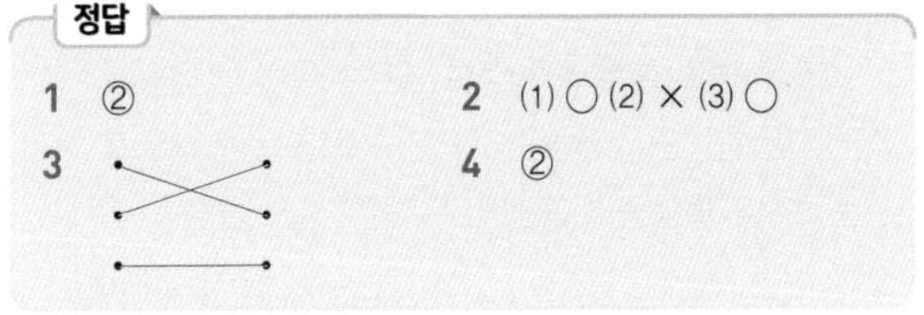

1 ②

2 (1) ○ (2) × (3) ○

3 (선 잇기)

4 ②

1 이 광고는 화랑도를 구성하는 화랑과 낭도를 뽑는 광고입니다.

2 (2) 귀족인 진골 신분만 화랑이 될 수 있었습니다.

3 '교우이신'은 친구 사이의 믿음을, '사군이충'은 임금에 대한 충성을, '살생유택'은 생명의 소중함을 강조하는 세속 5계의 규칙입니다.

4 '임전무퇴'는 싸움에 나갔을 때 물러서지 않는 용기를 강조하는 규칙입니다.

어휘 정리 56~57쪽

정답

1

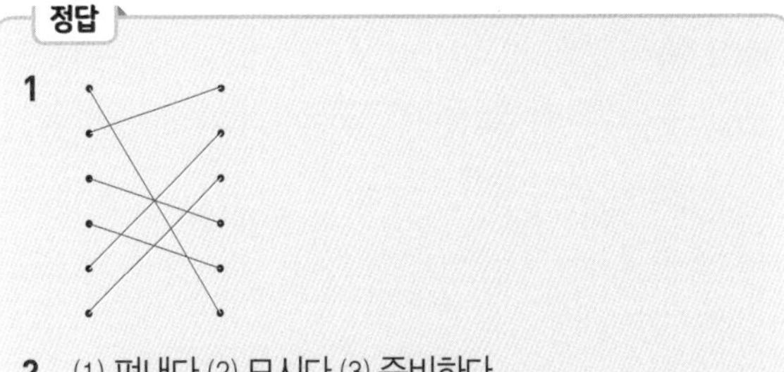

2 (1) 펴내다 (2) 모시다 (3) 준비하다 (4) 유지하다 (5) 업적

3 (1) 외교 (2) 제한 (3) 기념 (4) 동맹 (5) 몰래

2 (1) '펴내다'는 잡지나 책을 만드는 것을 말합니다.
(2) '모시다'는 윗사람이나 존경하는 사람을 가까이에서 받드는 것을 뜻합니다.
(3) '준비하다'는 어떤 일에 대비해 미리 갖추는 것을 말합니다.
(4) '유지하다'는 어떤 상태나 상황을 변함없이 계속되게 함을 뜻합니다.
(5) '업적'은 어떤 일에서 노력을 들여 만든 결과를 말합니다.

쉬어가기 58쪽

정답

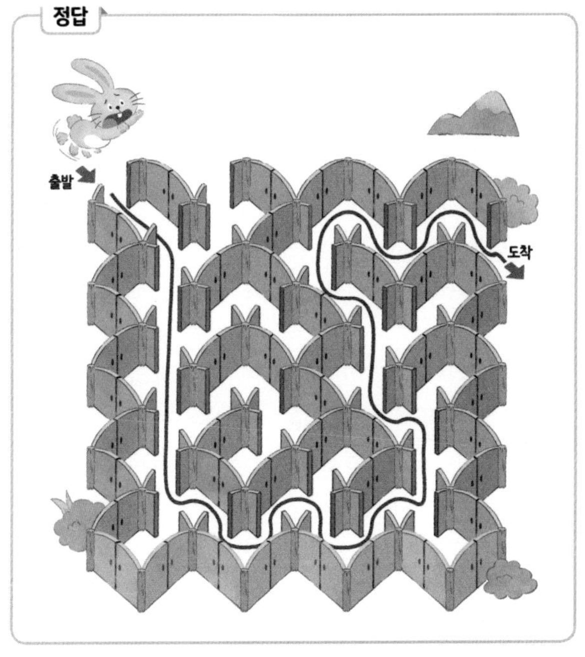

3주

1일차 을지문덕 62~65쪽

글 수나라의 침략을 물리친 고구려의 장군은 누구일까요?

문단	중심 낱말	중심 내용
1문단	을지문덕	을지문덕은 고구려를 침략한 수나라에 거짓으로 항복했어요.
2문단	을지문덕	고구려군은 살수에서 수나라군을 공격해 큰 승리를 거두었어요.

정답

1 ② 2

3 ② 4 (1) ◯ (2) × (3) ◯

한 문장 정리 살수 대첩

1 이 글은 고구려의 장군 을지문덕이 살수에서 수나라군을 크게 물리친 살수 대첩의 내용을 담고 있습니다. 따라서 이 글의 중심 낱말은 '을지문덕'입니다.

3 을지문덕은 수나라군의 사정이 어떤지 살펴보려고 수나라에 거짓으로 항복했습니다.

4 (2) 을지문덕은 우중문에게 만족함을 알고 돌아가라는 내용의 시를 지어 보냈습니다.

신문기사 한반도의 방패가 되어 준 나라

정답

1 을지문덕, 살수 대첩 2 ①

3 청야 작전 4 ③

1 이 신문기사는 을지문덕이 살수 대첩에 승리한 비결에 대한 내용을 담고 있습니다.

2 수나라는 고구려를 멸망시키는 데 실패했습니다.

3 을지문덕은 적군이 올 곳의 식량을 옮기거나 불태워 적군의 힘을 빠지게 하는 청야 작전을 사용했습니다.

4 수나라군은 을지문덕의 청야 작전으로 식량을 구하지 못해 점점 지쳐 갔습니다.

2일차 선덕 여왕 66~69쪽

글 처음으로 왕이 된 여성은 누구일까요?

문단	중심 낱말	중심 내용
1문단	선덕 여왕	선덕 여왕은 인재들을 등용해 다른 나라의 위협으로부터 신라를 지켰어요.
2문단	선덕 여왕	선덕 여왕은 신라를 백성들이 잘사는 나라로 만들고 싶어 했어요.

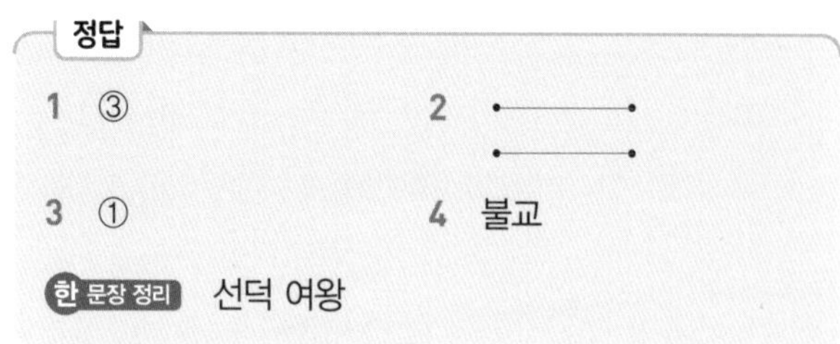

정답

1 ③ 2

3 ① 4 불교

한 문장 정리 선덕 여왕

1 이 글은 신라를 다른 나라의 위협으로부터 지키고, 백성들이 잘사는 나라로 만들고자 한 선덕 여왕의 이야기를 담고 있습니다. 따라서 이 글의 중심 낱말은 '선덕 여왕'입니다.

3 선덕 여왕은 농사짓는 백성들을 위해 하늘을 살피는 첨성대를 만들었습니다.

4 선덕 여왕은 백성들의 마음을 하나로 모으기 위해 불교를 적극적으로 활용했습니다.

온라인대화 나라를 구한 왕의 지혜

정답

1 선덕 여왕, 신라 장군 이무영

2 (1) ◯ (2) ×

3 ③ 4 ③

1 이 대화는 선덕 여왕이 신라 관리 최승우, 승려 원초, 장군 이무영과 나눈 온라인대화입니다.

2 (2) 당나라의 황제 태종은 배우자가 없는 선덕 여왕을 무시하기 위해 모란 그림과 씨앗을 보냈습니다.

3 선덕 여왕은 당나라 황제가 보낸 모란 그림에 나비와 벌이 없는 것을 보고 꽃의 향기가 없음을 미리 알았습니다.

4 선덕 여왕과 관련된 만화를 그릴 때 활용할 자료로 알맞은 것은 개구리와 모란꽃입니다. 호랑이와 관련된 내용은 나오지 않았습니다.

3일차 김춘추(태종 무열왕) 70~73쪽

글 위기에 빠진 신라를 구한 인물은 누구일까요?

문단	중심 낱말	중심 내용
1문단	신라	신라는 백제의 끊임없는 공격을 받아 큰 위기에 처했어요.
2문단	김춘추	김춘추의 활약으로 신라가 당나라와 동맹을 맺었어요.

정답

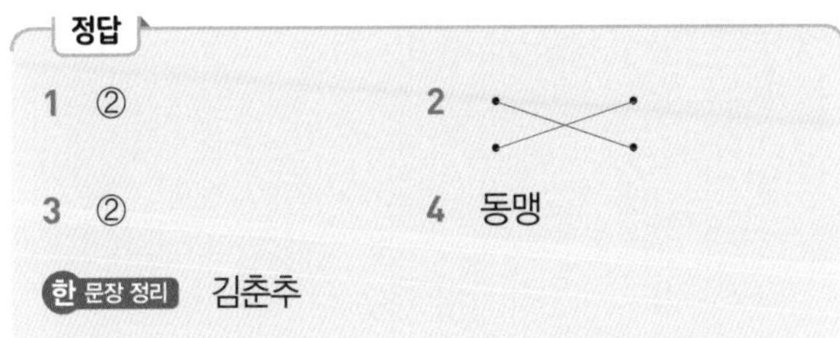

1 ② 2

3 ② 4 동맹

한 문장 정리 김춘추

1 이 글은 당나라와 동맹을 맺어 신라의 위기를 극복한 김춘추의 이야기입니다. 따라서 이 글의 중심 낱말은 '김춘추'입니다.
3 김춘추는 백제의 공격을 받아 신라가 위기에 빠지자 이를 극복하기 위해 고구려와 동맹을 맺고자 했습니다.
4 김춘추는 당나라와 동맹을 맺어 신라의 위기를 극복했습니다.

시나리오 신라의 꾀돌이, 스스로 목숨을 구하다

정답

1 ③ 2 (1) × (2) ○ (3) ○
3 연개소문 4 ①

1 이 시나리오는 김춘추가 군사를 요청하기 위해 고구려에 가 보장왕과 연개소문을 만난 이야기를 담고 있습니다.
2 (1) 연개소문은 군사를 보내 달라는 김춘추의 요청을 받아들이지 않고 그를 감옥에 가두었습니다.
3 고구려의 권력자 연개소문은 김춘추에게 원래 고구려의 땅이었던 한강 유역의 땅을 돌려달라고 요구했습니다.
4 김춘추는 고구려에 사신으로 왔지만 군사를 얻는 데 실패하고 감옥에 갇혔습니다. 이후 김춘추는 고구려의 요구를 들어주겠다는 거짓 약속을 하고 고구려를 탈출했습니다. 따라서 (가)에 들어갈 김춘추의 태도로 알맞은 것은 '분노를 삼키며'입니다.

4일차 계백, 김유신 74~77쪽

글 백제는 어떻게 멸망했을까요?

문단	중심 낱말	중심 내용
1문단	황산벌 전투	계백의 백제군과 김유신의 신라군 사이에 황산벌 전투가 시작되었어요.
2문단	황산벌 전투	화랑들의 죽음에 분노한 신라군이 황산벌 전투에서 승리했어요.

정답

1 ③ 2

3 ③ 4 백제

한 문장 정리 황산벌

1 이 글은 백제와 신라 사이에 벌어진 황산벌 전투에 대한 내용을 담고 있습니다. 따라서 이 글의 중심 낱말은 '황산벌 전투'입니다.
3 계백은 적은 수의 군사로 5만여 명의 신라군을 이길 수 없다고 생각했습니다. 그래서 전쟁에 나가기 전 자기 손으로 가족들을 죽였습니다.
4 백제는 황산벌 전투에서 패배하며 멸망했습니다.

방송프로그램 전투를 승리로 이끈 신라 화랑의 용기

정답

1 이사부 2 (1) ○ (2) × (3) ×
3 관창 4 ②

1 이 드라마는 황산벌 전투에서 활약한 관창의 이야기를 담고 있습니다. 황산벌 전투와 관련 있는 계백과 김유신은 이 드라마에 등장하지만, 우산국을 정복한 신라 장군 이사부는 등장하지 않습니다.
2 (2) 신라가 당나라와 연합해 백제를 공격했습니다.
(3) 관창은 나이가 어렸지만 황산벌 전투에 나서 백제군과 용감하게 싸웠습니다.
3 제시된 장면은 백제군에 붙잡힌 관창이 계백을 만나는 장면입니다. 따라서 빈칸에 들어갈 알맞은 낱말은 '관창'입니다.
4 황산벌 전투는 백제와 신라 사이에 벌어진 전투입니다. 관창의 죽음에 분노한 신라군은 황산벌 전투에서 승리하고 백제를 멸망시켰습니다.

5일차 문무왕 78~81쪽

글 삼국 통일을 이룬 왕은 누구일까요?

문단	중심 낱말	중심 내용
1문단	문무왕	문무왕은 신라 땅까지 차지하려는 당나라군을 물리치고 삼국 통일을 완성했어요.
2문단	문무왕	문무 대왕릉에는 신라를 걱정한 문무왕의 마음이 담겨 있어요.

정답

1 ①
2 (선 잇기)
3 ③
4 기벌포 전투, 매소성 전투

한 문장 정리 고구려

1 이 글은 문무왕이 당나라군을 한반도에서 몰아내고 삼국 통일을 완성한 내용을 담고 있습니다. 따라서 이 글의 중심 낱말은 '문무왕'입니다.
3 문무왕은 백제와 고구려를 멸망시킨 이후에 당나라가 약속을 깨고 신라 땅까지 차지하려고 하자, 당나라를 한반도에서 몰아내기 위해 전쟁을 시작했습니다.
4 문무왕은 매소성 전투, 기벌포 전투에서 당나라군을 물리쳤습니다.

안내도 삼국 통일의 주인공들, 경주에 잠들다

정답

1 ②
2 (1) ○ (2) × (3) ○
3 신문왕
4 ③

1 이 안내도는 신라가 삼국을 통일하는 과정에서 활약한 인물들과 관련된 장소를 소개하고 있습니다. 진흥왕은 신라의 전성기를 이룬 왕으로, 신라의 삼국 통일과는 관련이 없습니다.
2 (2) 태종 무열왕릉은 당나라와 동맹을 맺어 백제를 멸망시킨 태종 무열왕(김춘추)의 무덤입니다.
3 신문왕은 아버지 문무왕의 뜻을 이어받아 감은사를 완성했습니다.
4 문무 대왕릉은 경주 앞바다에 있는 문무왕의 무덤입니다.

어휘 정리 82~83쪽

정답

1
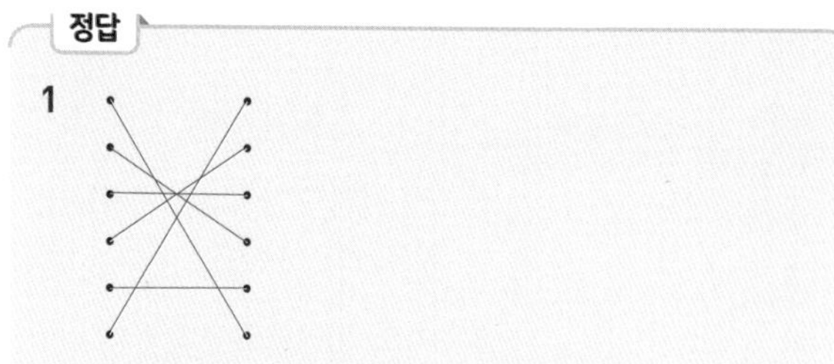

2 (1) 등용하다 (2) 후퇴하다 (3) 꿍꿍이
(4) 다짐 (5) 기대
3 (1) 면제 (2) 점령 (3) 받들어
(4) 불길한 (5) 갇혔어요

2 (1) '등용하다'는 뛰어난 인물을 뽑아서 쓰는 것을 말합니다.
(2) '후퇴하다'는 뒤로 물러나는 것을 뜻합니다.
(3) '꿍꿍이'는 겉으로 드러내지 않은 속마음을 뜻합니다.
(4) '다짐'은 마음을 굳게 먹거나 뜻을 정하는 것을 말합니다.
(5) '기대'는 어떤 일이 이루어지기를 바라며 기다리는 것을 말합니다.

4주

1일차 원효 86~89쪽

글 **해골에 든 물을 마신 승려는 누구일까요?**

문단	중심 낱말	중심 내용
1문단	원효	원효는 세상의 모든 일이 마음먹기에 달렸다는 것을 깨달았어요.
2문단	원효	원효는 신라 백성들에게 불교를 널리 전했어요.

정답

1 ②
2 (선 잇기)
3 (1) ○ (2) × (3) ×
4 나무아미타불

한 문장 정리 원효

1 이 글은 깨달음을 얻은 승려 원효가 신라 백성들에게 불교를 전하기 위해 노력한 내용을 담고 있습니다. 따라서 이 글의 중심 낱말은 '원효'입니다.

3 (2) 해골 물을 마시고 모든 일이 마음먹기에 달렸다는 것을 깨달은 인물은 원효입니다.
(3) 원효는 의상과 함께 당나라로 향하던 중 깨달음을 얻어 유학을 포기하고 신라로 돌아왔습니다.

4 원효는 백성들에게 '나무아미타불'이라는 말만 외우면 부처님의 어려운 말씀을 다 알지 못해도 극락에 갈 수 있다고 말했습니다.

온라인대화 **부처의 가르침을 널리 전한 신라 승려**

정답

1 ①
2 (1) ○ (2) ○ (3) ×
3 무애가
4 ②

1 이 온라인대화는 원효와 의상의 대화를 담고 있습니다.

2 (3) '나무아미타불'이라는 말만 외우면 극락에 갈 수 있다고 말한 인물은 원효입니다.

3 원효는 신라 백성들에게 부처님의 말씀을 쉽게 전하기 위해 '무애가'라는 노래를 지어 불렀습니다.

4 영주 부석사 등 전국 여러 곳에 절을 세워 불교의 발전에 힘쓴 인물은 의상입니다.

2일차 대조영 90~93쪽

글 **발해는 누가 세웠을까요?**

문단	중심 낱말	중심 내용
1문단	대조영	대조영은 동모산에 성을 쌓고 발해를 세웠어요.
2문단	발해	발해는 옛 고구려의 땅을 대부분 되찾았어요.

정답

1 ②
2 (선 잇기)
3 해동성국
4 ①

한 문장 정리 대조영

1 1문단은 옛 고구려 출신인 대조영이 당나라를 탈출한 후 동모산에 발해를 세운 내용을 담고 있습니다. 따라서 1문단의 중심 낱말은 '대조영'입니다.

3 당나라에서는 발해를 '바다 동쪽에서 일어나 번성한 나라'라는 뜻을 가진 '해동성국'으로 부르기도 했습니다.

4 선왕은 발해의 제10대 왕으로 발해의 전성기를 이끌었습니다.

백과사전 **고구려를 닮은 나라**

정답

1 ②
2 (1) × (2) ○ (3) ○
3 굴식 돌방무덤
4 고구려

1 발해는 옛 고구려 출신인 대조영이 고구려 유민과 말갈족을 이끌고 세운 나라입니다.

2 (1) 발해의 기와는 고구려의 것과 닮았습니다.

3 고구려와 발해에서는 굴식 돌방무덤 양식으로 무덤을 만들었습니다. 굴식 돌방무덤은 돌을 이용해 방을 만들고 그 위에 흙을 덮어 만든 무덤입니다.

4 일본에서 발견된 목간에는 발해를 '고려(고구려)'로 표현한 내용을 확인할 수 있습니다. 이를 통해 발해가 고구려를 계승한 나라임을 내세웠고, 이웃 나라도 이를 인정했음을 알 수 있습니다.

3일차 장보고 94~97쪽

글 신라의 해상왕으로 불린 인물은 누구일까요?

문단	중심 낱말	중심 내용
1문단	장보고	장보고는 신라로 돌아가 해적을 무찌르기로 마음먹었어요.
2문단	장보고	장보고는 해적을 무찌르고 해상 무역을 이끌었어요.

정답

1 ②　　2 (선 잇기)

3 ③　　4 ③

한 문장 정리　청해진

1 이 글은 장보고가 청해진을 세우고 바다에서 활약한 내용을 담고 있습니다. 따라서 이 글의 중심 낱말은 '장보고'입니다.

3 장보고는 신라가 삼국을 통일한 이후에 활약한 신라의 장군입니다. 장보고의 건의로 완도에 청해진이 설치되었습니다.

4 장보고는 당나라에서 신라 사람들이 해적에게 잡혀 와 노비로 팔려 가는 모습을 보고 해적을 무찌르기로 마음먹었습니다. 이후 장보고는 신라로 돌아와 왕에게 해적들을 무찌를 군사 기지인 청해진을 설치할 것을 건의했습니다.

방송토론 두 얼굴의 남자, 장보고

정답

1 ②

2 (1) 해상왕 (2) 염장 (3) 김우징

3 청해진　　4 ①

1 장보고는 해상 무역으로 세력을 키운 무역가입니다.

2 (1) 장보고는 해상왕, 즉 바다의 왕이라고 불렸습니다.
(2) 장보고는 옛 부하 염장에게 죽임을 당했습니다.
(3) 장보고는 자신의 딸을 왕비로 삼겠다고 한 김우징을 도왔습니다.

3 장보고는 신라로 돌아와 청해진을 설치했습니다.

4 장보고는 신라의 장군으로 바다에서 해적을 무찔렀습니다.

4일차 최치원 98~101쪽

글 신라의 글짓기 천재는 누구일까요?

문단	중심 낱말	중심 내용
1문단	최치원	최치원은 당나라에서 문장가로 이름을 널리 알렸어요.
2문단	최치원	최치원은 왕에게 개혁안을 올렸지만 거절당했어요.

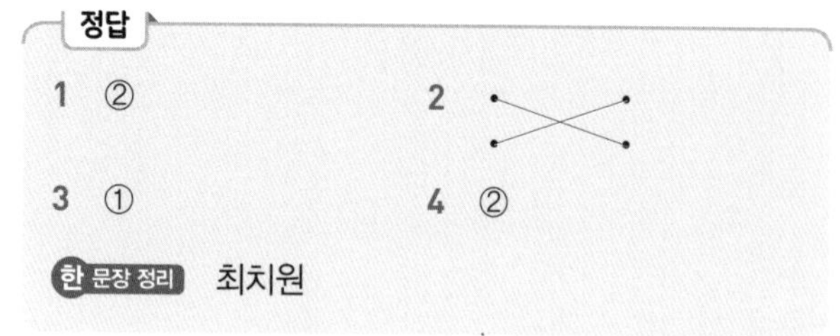

정답

1 ②　　2 (선 잇기)

3 ①　　4 ②

한 문장 정리　최치원

1 이 글은 당나라에서 문장가로 활약하던 최치원이 신라로 돌아와 신라 사회를 바로잡기 위해 노력한 내용을 담고 있습니다. 따라서 이 글의 중심 낱말은 '최치원'입니다.

3 최치원은 6두품 출신입니다.

4 '봉기'와 비슷한 뜻을 가진 낱말은 '반란'입니다. 신라 말에는 나라가 혼란스러워 백성들이 먹고살기가 어려워졌습니다. 그래서 농민들은 전국 곳곳에서 봉기를 일으켰습니다.

뉴스 칼보다 강한 붓의 힘

정답

1 ③　　2 (1) ○ (2) ○ (3) ○

3 당나라　　4 ②

1 이 뉴스는 당나라에서 문장가로 활약하다 신라로 돌아온 최치원을 인터뷰한 내용을 담고 있습니다.

3 최치원은 폐쇄적인 신라 사회를 뒤로하고 당나라로 유학을 떠났습니다.

4 이 뉴스에서 최치원은 앞으로 진성 여왕에게 신라를 바로잡기 위한 개혁안을 올릴 것이라고 했습니다.

5일차 견훤, 궁예 102~105쪽

글 후삼국 시대의 주인공은 누구일까요?

문단	중심 낱말	중심 내용
1문단	견훤	견훤은 완산주를 도읍으로 삼아 후백제를 세웠어요.
2문단	궁예	후고구려를 세운 궁예는 왕건에 의해 쫓겨났어요.

정답

1 ① 2 (선 잇기)

3 ① 4 ㉠ 견훤 ㉡ 궁예

한 문장 정리 후삼국

1 1문단은 견훤이 후백제를 세운 내용을 담고 있습니다. 따라서 1문단의 중심 낱말은 '견훤'입니다.

3 후삼국을 통일한 인물은 왕건입니다. 왕건은 궁예를 쫓아내고 고려를 세운 후 후삼국을 통일했습니다.

4 ㉠ 견훤은 완산주를 도읍으로 삼아 후백제를 세웠습니다.
㉡ 궁예는 송악을 도읍으로 삼아 후고구려를 세웠습니다.

SNS 쓰러져 가는 두 나라 이야기

정답

1 ③ 2 (1) ○ (2) ○ (3) ○

3 백제 4 ③

1 궁예는 후고구려를 세웠습니다.

3 견훤은 백제의 원수를 갚겠다며 후백제를 세워 신라를 공격했습니다.

4 신라의 힘이 많이 약해진 사이 후백제와 후고구려가 세워졌습니다. 그리고 후백제의 견훤은 신라를 공격해 경애왕을 죽게 했으므로, 경애왕이 후백제와 후고구려를 멸망시킨 장면은 알맞지 않습니다.

어휘 정리 106~107쪽

정답

1

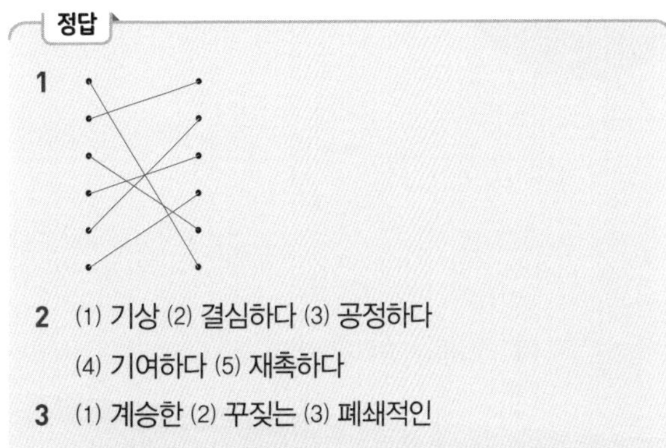

2 (1) 기상 (2) 결심하다 (3) 공정하다
(4) 기여하다 (5) 재촉하다

3 (1) 계승한 (2) 꾸짖는 (3) 폐쇄적인
(4) 꿰뚫어 (5) 막막했던

2 (1) '기상'은 겉으로 드러난 씩씩하고 굳센 정신을 말합니다.
(2) '결심하다'는 어떻게 하기로 굳게 마음을 정하는 것을 뜻합니다.
(3) '공정하다'는 한쪽으로 치우치지 않고 올바름을 뜻합니다.
(4) '기여하다'는 어떤 일에 도움이 되도록 힘쓰는 것을 뜻합니다.
(5) '재촉하다'는 어떤 일을 빨리 하도록 자꾸 요구하는 것을 뜻합니다.

쉬어가기 108쪽

정답

찾아보기

ㄱ

ㄴ

ㄷ

ㅁ

ㅂ

ㅅ

ㅇ

ㅈ

ㅊ

ㅌ

ㅍ

ㅎ

바른답과 도움말

고객의 꿈, 직원의 꿈, 지역사회의 꿈을 실현한다

에듀윌 도서몰 book.eduwill.net
교재내용 문의 에듀윌 도서몰 → 문의하기 → 교재(내용, 출간) → 초등 문해력

교재의 오류는 에듀윌 도서몰 내 정오표에서 확인할 수 있으며, 잘못 만들어진 책은 구입처에서 교환해 드립니다.

내가 바로 문해력보스!